안성, 지속가능성을 찾다

안성,
지속가능성을 찾다

안성 발전을 위한
4,738km의 여정

김보라 지음

꾸는
꿈는
정원

지속가능성의 기로에 선 안성

2023년 미국 뉴욕타임스는 칼럼을 통해 '한국 인구가 흑사병이 창궐했던 14세기 중세 유럽보다 더 빠른 속도로 감소할 수 있다'고 경고한 바 있다. 사실 저출산과 인구 감소에 따른 지역 소멸 위기에 대해서 내외부로 지적의 목소리가 나온 지 오래다. 정부는 저출산을 극복하기 위해 연간 20조 원 내외 규모의 예산을 투입하고 있지만 주민등록 인구수는 감소세로 돌아선 지 5년이 지났다.

오히려 수도권을 제외한 지역 출산율은 수도권 출산율보다 높다. 2024년 기준 전국 평균 합계 출산율 0.71명에 비해 전남 0.97명, 강원 0.89명, 경북 0.86명 등 지역의 경우 평균을 상회했다. 그에 반해 서울시 출산율은 0.56명으로 전국에서 가장 낮은 수준을 보였다. 그럼에도 불구하고 지속해서 제기된 지역 소멸의 위기는 교육, 인프라, 취업 등 가지각색의 이유로 고향을 떠나 수도권으로 모여드는 현상을 방증한다.

다행히도 안성시 총인구는 2015년 이후로 증가 추이를 보이고 있다. 2015년 약 18만 9천 명이던 안성시민은 2024년 20만 8천 명을 넘어서며 2만 명이 증가했다. 그러나 자세히 살펴보면 안성시도 지속가능성에 위험신호가 켜진 상태다. 2019년까지 매해 1천 명 이상 태어나던 출생인구는 2020년부터 감소세로 접어들어 2024년 700명대까지 떨어졌으며 줄어들고 있는 유소년인구(0~14세)와 반비례하게 고령인구(65세 이상)는 4만 명대까지 올라섰다. 생산가능성을 위한 중요 지표로 꼽히는 청년 인구율도 최근 5년간 소폭 감소하고 있다.

대한민국은 인구 감소와 경제 축소가 동반되는 '축소 사회'로 접어들었다. 인구 감소는 도시 인프라의 축소로 이어지고 이는 다시 인구 유출을 일으키는 악순환을 초래한다. 축소 사회 대응의 목적은 지역 소멸을 막는 데 있다. 도시의 생존은 더 이상 단순한 인구 숫자나 경제적 지표로 측정할 수 없다. 도시의 지속가능성은 도시의 인프라, 경제, 문화, 관광 시스템의 복합적 균형에서 비롯된다. 주소지를 둔 정주인구뿐만 아니라 관광이나 학교, 직장 등의 이유로 월 1회 이상, 하루 3시간 이상 지역에 머무는 생활인구도 점점 중요해지고 있다.

생활인구가 중요한 이유는 경제에 있다. 통계청과 행정안전부가 지난해 발표한 통계에 따르면 89개 인구 감소 지역의 정주인구는 약 489만 명, 생활인구는 약 3,362만 명으로 생활인구는 정주인구의 5.9배에 달한다. 이들이 밥을 먹고, 물건을 사고, 잠을 자면서 발생하는 경제적 효과는 실제 정주인구 증가의 효과까지 이끌어낼 수 있는 것이다. 생활인구 유입을 위해서는 지역 고유의 특성을 반영한 공공 인프라를 조성하고 도시의 매력을 극대화하는 다방면에서의 시도와 접근이 핵심이다.

불확실성이 가중되는 상황에서 안성시는 이 미묘한 균형의 기로에 서 있으며, 미래 생존 여부를 결정짓는 중대한 선택을 앞두고 있다. 지역 소멸 위기를 더 나은 미래 설계 기회로 보고, 혁신 역량과 잠재력을 재건할 때 도시는 살아남는다.

도시의 지속가능성은 결국 해당 지역민들의 의지에 달려 있다. 안성시의 미래는 주어진 것이 아니라, 시민들이 함께 만들어가는 공동 프로젝트다. 쉽지 않겠지만 안성이라는 지역에 대한 시민들의 애착과 자부심을 쌓아 올리는 이 프로젝트는 위기를 기회로 전환하려는 끊임없는 실험과 혁신의 과정일 것이다.

이 책은 전국에서 불확실성의 시대를 대비하고 있는 지자체 21곳을 2년 동안 공직자와 함께 방문한 '우수정책사례 혁신투어'를 통해 그들의 생존전략을 살펴보고, 안성시에 적용할 수 있는 방안에 대해 고민한 내용을 담았다. 바쁜 중에도 열심히 설명해주고 안내해준 지자체와 기관에 감사드린다. 특별히 혁신투어 중 만났던 공무원, 시민 여러분의 열정은 지속가능 안성을 만들어가는 우리에게 큰 힘이 되었다. 우리의 여정을 책으로 묶은 것은 '도시의 지속가능성'을 고민하는 많은 분들과 나누고 싶었기 때문이다. 우리가 혁신투어를 통해 우수 지자체의 사례를 탐구하고 학습했듯이, 안성시도 누군가에게 성공한 지자체 모델이 되길 바란다.

2025년 11월
김보라

목차

1장 지속가능도시

에너지: 약점을 강점으로, 모두의 자산이 되다

공간: 새로운 시선이 태어나는 공간의 힘

교통: 이동할 수 있는 권리

문화: 도시의 심장은 문화로 뛴다

교육: 지역에서 시작하는 교육 발걸음

사회통합: 함께 걷는 공존의 길

2장 지속가능경제

사회적경제: 경쟁사회의 오아시스

농업: 지역 생존의 근본을 재건하다

전통시장과 공장: 뿌리 깊은 시장, 미래를 여는 공장

스포츠와 미디어: 생각을 바꾸고 가능성을 찾다

미래산업: 미래를 설계하는 새로운 산업의 서막

3장 지속가능관광

도시재생: 떠나는 길목에서 돌아오는 목적지로

혁신: 지역의 숨결을 담은 로컬관광

마을: 사람이 사람을 부르는 콘텐츠

1장

지속가능도시

지속가능도시는 현재와 미래 세대의 욕구를 충족시키면서 환경, 경제, 사회적 측면에서 균형 있게 발전하는 도시를 의미한다. 도시화로 인한 환경 문제를 최소화하고, 시민들의 삶의 질을 향상시키며, 경제적 성장을 추구한다.

작금의 지방자치단체들은 불확실성에 당면해 있다. 무분별한 도시 확장으로 생긴 환경 파괴 문제, 경제적 불평등, 사회적 분열의 심화, 경쟁 과열은 압력과 불안을 낳고 자연스레 저출산을 야기한다. 커지는 불확실성은 도시의 지속가능성을 위협하고 있고 시민들의 삶의 질을 저하시키고 있다.

해결방안은 크게 세 가지로 나눌 수 있다. 첫째는 에너지다. 화석 연료의 한계와 기후변화 등 환경 문제 의식이 고취되며 대안으로 떠오른 신재생에너지는 대표적으로 태양광, 풍력, 수력, 지열 등이 있다. 아직까지는 기술적인 한계나 높은 초기 비용, 일부 지역만 해당된다는 문제점도 있지만 화석연료 의존도를 줄이고 탄소 중립을 이루기 위한 필수 요소로 평가받는다. 도시 기반 시설에 태양광, 풍력 등 재생에너지 시스템을 도입하여 에너지 자립도를 높이는 것도 중요하다.

두 번째, 공간은 지속가능도시를 조성하기 위한 실질적 인프라를 통해 시민의 삶의 질을 향상시킨다. 공간은 물리적 장소의 역할을 넘어 시민들에게 자연스럽게 소통하는 공간을 제공한다. 사회적 연결을 책임지는 중요한 수단이자, 지속가능한 생활 방식을 실천할 수 있는 장으로써의 기능을 한다. 또 공간 내 녹색 인프라를 구축해 도시 내 공원, 녹지, 도시 숲 조성을 통해 대기질을 개선하고 생태계를 보호할 수도 있어 환경과 공간, 두 가지의 이점을 모두 겨냥할 수 있다.

마지막으로 사회통합이다. 모든 구성원이 차별 없이 도시에 참여하고 공동체의 일원으로 존중받는 도시를 조성해야 한다. 접근성과 포용성이 보장되는 사회통합을 실현하려면 모든 사람이 존중받고 함께 살아가는 문화를 만드는 것에 초점을 맞춰야 한다. 다양한 주민의 필요를 반영한 도시 설계는 공동체의 결속력을 강화할 것이다.

도시는 경제 성장과 커뮤니티 조성, 사회적 형평성을 동시에 추구하며 미래 세대를 위한 지속가능한 발전을 이룰 수 있다. 지속가능도시의 실현은 단기간에 이루어질 수 있는 것이 아니기에 민관의 지속적인 관심과 협력이 필요하다. 모두가 지속가능한 미래를 위해 노력한다면, 더 나은 도시를 만들고 삶의 질을 높일 수 있을 것이다.

약점을 강점으로,
모두의 자산이 되다

신안군 — 신재생에너지

해, 산, 바다, 바람… 누군가는 자연을 쉴 수 있는 휴식의 요소로 여기고, 누군가는 많은 노동력을 쏟아야 하는 1차산업의 터전으로 삼는다. 또 누군가는 자연을 쓸모없는 것으로 여겨 개발된 도시를 찾아 떠나기도 한다. 이런 자연이 이제는 오히려 경제적 가치를 견인하는 자원으로 각광받고 있다.

신안의 가장 유명한 특산물은 바로 천일염. 신안은 소금을 만들기 위한 필수 지리적 여건인 바람과 햇빛이 많은 곳이다. 신재생에너지 관련 개발을 위한 최적의 입지라는 소리기도 하다. 신안군이 전국 최초로 도입한 '신재생에너지 개발이익 공유제'는 말 그대로 신재생에너지 개발이익을 주민과 공유하기 위해 추진한 정책이다. 온실가스와 대기오염을 감축해 에너지 자립도를 높일 수 있는 신재생에너지는 단순한 새로운 에너지원을 넘어 지속가능한 미래를 위한 핵심 해결책으로 자리 잡았다.

신안은 2018년 관련 조례 제정을 통해 태양광, 풍력 등 재생에너지 발전사업의 기틀을 마련했다. 주민이 협동조합을 설립해 투자하는 방식으로 태양광 발전사업 이익금 일부를 주민들에게 나눠줄 수 있도록 했다. 그러나 주민들은 삶의 터전에 들어오는 발전소를 반기지 않았다. 어업 종사자들의 일터 소멸, 해상 경관 가치 하락, 소음 공해, 전자파 등 환경 유해 등 우려의 목소리가 컸다. 사실 지역에서 일어나는 개발 사업에 대해 모든 주민이 100% 동의하는 경우는 어디에도 없다. 이 사업에 있어 가장 중요한 것은 주민들에게 어떻게 충분히 설명할 것이고, 의견을 수렴할 것인지의 주민동의와 참여, 곧 '민주주의'이다. 개발 사업을 통해 창출한 이익을 지역 주민과 나눠 '혐오시설'에서 '효자시설'로 바꾸는 것이 지역 수용성 향상의 핵심이다.

신안은 발전소 설립 과정과 그 이후에 있어서 주민들과의 갈등을 최소화하기 위해 다양한 방법으로 주민과의 소통에 나섰다. 그중 대표 방안이 법제화를 통해 주민에게 이익을 분명하게 명시한 것이다. 2020년부터 2021년 사이 토지 보상 취득, 에너지 기본 조례 등 주민 수용성을 확보하기 위해 조례를 제정했고 대기업 중심의 수익구조

• 햇빛발전협동조합

에서 주민들과 이익을 공유하는 제도로의 전환을 높여 주민 수용성을 높였다. 지난 8월에는 발전사업으로 발생한 이익을 발전소 인접 주민들에게 최대한 배분하도록 하는 내용의 신에너지·재생에너지 발전사업에 대한 조례안을 발의하기도 했다. 이른바 '햇빛 연금', '바람 연금'이다.

2021년, 실질적인 첫 수익이 주민들에게 돌아가자 회의적이었던 분위기는 달라졌다. 주민 약 2,900명은 최소 12만 원에서 최대 51만 원을 태양광 이익 배당금으로 받았다. 발전소 수익이 늘면서 조합원들이 받는 햇빛 연금 금액은 증가했다. 인구도 증가세로 돌아섰다. 신안군은 전입신고하는 만 40세 이하 주민에게 전입신고일부터 100% 발전이익을 나눠 받을 수 있도록 했다. 또 만 7세 미만 영유아에게는 배당금이 추가 지급될 수 있도록 했다. 지금도 비판 목소리가 아예 없진 않지만 신안의 신재생에너지 개발이익 공유제는 지역 주요 산업 중 하나로 자리 잡았다. 신안은 2030년까지 대규모 해상 풍력단지를 조성해 태양광 2GW, 풍력 8.2GW 생산을 통해 주민 소득 창출에 나설 계획이다.

2020년 초 안성시에는 농지 태양광발전소가 많아졌다. 농지에 태양광 발전설비를 설치해 농민들의 소득을 높이기 위한 법 취지를 악용해, 실제로는 농사를 짓지 않으면서 태양광 발전설비만 하는 업체들이 대부분이었다. 이에 주변 마을 주민들은 경관 훼손 문제

▪ 안성맞춤랜드 주차장 태양광

▪ 햇빛발전협동조합

• 에너지자립마을

를 제기하고, 농민단체에서는 농지 악용 등의 민원을 제기하였다. 2021년 시의회는 태양광 발전설비 입지 제한을 추가해 무분별한 난 개발을 방지하고 인근 주민 생활권을 보호하는 취지로 도시계획 조례를 개정했다. 이에 따라 태양광 발전사업에 대한 절차가 대폭 강화돼 오히려 신재생에너지 발전의 억제 장치가 되어버렸다.

안성시는 이후 다양한 신재생에너지 보급사업을 통해 신재생에너지 발전사업의 수용성을 높이는 노력을 하고 있다. 안성시햇빛발전협동조합은 에너지 정책 전환과 재생에너지 보급 확대를 위해 설립됐다. 재생에너지에 대한 태양광발전소 보급 및 운영사업, 관련 교육 등을 통해 시민들의 인식 개선, 안성시 온실가스 감축을 위해 노력 중이다. 특히 안성시청 옥상과 안성맞춤랜드, 안성시종합운동장 주차장에 시민 참여형 펀드로 태양광발전소를 조성해 연간 목표 수익을 달성하여 연 7%의 수익금을 주민들에게 배당하기도 했다.

안성시는 면적이 넓고 일조량이 고루 드는 '볕 좋은' 지역이다. 또 인구밀집도가 낮아 신재생에너지 사업에 활용할 수 있는 부지가 많다. 시에 설치된 태양광발전소는 총 1,120개소(2023년)로 경기도에서 세 번째로 많다. 안성시는 2050 탄소중립을 위해 에너지 자립마을 및 에너지 기회소득마을을 조성해 농어촌 에너지 취약계층 및 일반 가구에 (미니)태양광 설비를 설치하며 전기료 절감 효과를 이끌어냈다. 경로당 등 지역 내 사회복지시설의 에너지자립마을 지원사업도 함께 추진해 어르신들이 냉난방비 걱정 없이 전기를 사용할 수 있도록 했다. 산업단지 내 공장 지붕에도 태양광 설비를 설치 할 수 있도록 제도를 개선하였다.

혐오시설로 여기던 축사에서 에너지를 찾기도 했다. 가축분뇨 통합바이오에너지화 시설을 설립하고, 가축분뇨를 활용한 신재생에

•축사 지붕 태양광

너지를 생산·확대 보급해 안성시 탄소중립 실현 기반을 마련했다. 이에 더해 친환경에너지타운을 조성해 신재생에너지 폐열을 이용한 난방을 주민편익시설, 스마트팜 등에 공급해 농가 소득을 창출하는 등 다양한 방법으로 지역 주민에게 환원할 수 있는 다양한 방법을 모색하고 있다.

안성시의 신재생에너지 발전사업은 시민에게 이익이 돌아가는 방식으로 전개될 예정이다. 도시가스 보급률이 상대적으로 낮은 안성은 비효율적인 대체 연료를 비싼 운송비를 들여 쓰게 되므로 도시보다 에너지 비용이 많이 든다. 자연을 활용한 신재생에너지는 농촌 지역의 에너지 비용 감소 효과를 불러일으키고 기업의 'RE100(재생에너지 100%)' 활동에도 유리하게 작용하며 안성시의 지속가능한 대체 에너지원으로 자리 잡을 것이다.

새로운 시선이
태어나는 공간의 힘 ①

당진시 — 공공건축물

언젠가 우리나라 학교와 교도소 건물이 배치가 비슷하다는 말을 듣고 놀란 적이 있었다. 그래서 우리나라 학교교육에서 창의성과 자율성을 찾아보기 힘들다는 설명에 공감을 했었다. 반면 디자인 경영을 중요하게 여기는 IT기업의 사옥 분위기는 사뭇 다르다. 도넛 모양의 애플 사옥은 전 CEO 스티브 잡스의 철학이 담긴 유작이다. 건물이 동그란 우주비행선 같은 모양인 이유는 직원들이 원형 복도를 따라 걸으며 모든 부서 직원과 만날 수 있게 하기 위해서다. 심지어 100% 신재생에너지로 가동되도록 설계돼 환경 친화적 가치를 반영했다. 자유롭게 협업할 수 있는 공간, 늘 연결되고 유동적인 공간을 표방했던 잡스의 유작은 걸작이 되어 많은 건축가와 사업가에게 영감을 남겼다.

▪ 시의회 복도 자투리 공간을 도서관으로 만든 당진시의회 열린도서관

공간은 그 사회의 보편적 가치를 드러내고, 공간에서 가치관을 엿볼 수 있다. 공공건축물도 단순한 시설을 넘어 도시 정체성을 드러내고 생활편의를 돕는 건물로 바뀌고 있다. 주민센터를 예로 들면 한 주민의 출생신고, 전입신고, 사망신고까지 일대기를 함께하는 공간이라는 뜻이다. 그러기에 공공건축물은 공공의 기능성을 갖추되 도시의 톤과 매너, 그리고 주민 욕구를 반영한 건물이어야 한다.

이런 관점에서 '잘 만든' 공공건축물이 무엇인지, 공간의 높은 완성도로 시민들에게 많은 사랑을 받고 있는 당진으로 출발했다.

당진시의회 열린도서관은 2층과 3층의 유휴공간을 도서관으로 조성해 시민들에게 무료 개방 중이다. 2, 3층이 이어진 구조라 층고가 높아 개방감이 느껴졌고 스타필드 코엑스몰, 수원점의 별마당도서관을 연상케 하는 감각적인 디자인이 더해져 다시 찾고 싶어지는 매력을 더했다. 당진청년타운 '나래'는 옛 당진군청사를 리모델링해 조성한 단일규모 전국 최대 청년지원시설이다. 예비 또는 초기 청년창업가, 콘텐츠 제작을 원하는 청년 등을 대상으로 운영하는 청년창업 특화센터로서 주 기능을 수행함과 동시에 청년들의 취창업, 문화 등 다양한 분야 지원을 통해 커뮤니티 공간 혹은 쉼터 역할도 하고 있다. 청소년 카페 '수다벅스'는 카페명을 짓는 과정부터 지역 청소년들이 함께 참여해 공간에 대한 애착심을 높였다. 9세부터 24세 청소년에게는 하루 한 잔 무료로 음료를 제공한다. 수익금은 청소년운영위원회와 함께 도움이 필요한 청소년에게 기부된다.

삼선산수목원 안에 조성된 숲속도서관은 '2021 대한민국 공공건축상 최우수상'을 수상했다. 숲속도서관은 네 갈래 숲길이 만나는 곳에 위치해 있다. 지형차로 인한 옹벽을 내부로 끌어들여 책장을 만들고, 길과 자연스럽게 만나는 담장을 설치해 화장실을 놓았다. 도서관이라는 틀에 얽매이지 않고 가족 단위 방문객이 자주 찾는 숲속 로비

▪당진청년타운 나래

▪수다벅스

▪ 섬선산수목원

▪ 매산2리 마을회관

를 만든다는 생각으로 건축했다. 신평면 매산2리 마을회관은 공공 건축가와 함께 개발한, 마을회관과 경로당이 통합된 전국 최초 복합 표준모델이다. 주 이용객의 나이대를 고려해 단층 건물로 구축했고 이용 이원에 따라 규모를 정해 각각의 유닛이 하나로 합쳐진 모양을 띠고 있다.

안성은 지역별 특성과 수요를 기반으로 15개 읍면동 대상으로 1면 1도서관을 건립 중이다. 누구에게나 열린 공간을 목적으로 문화, 교육 등의 공동체 기반이 될 수 있도록 했다. 공도도서관, 보개도서관, 아양도서관을 각각 인문학, 책문화센터 및 독립출판, 영어를 주제로 한 특화 도서관으로 육성하고 있으며 특히 작은도서관은 각 읍면동 행정복지센터에 위치해 주민들이 자주, 편하게 찾을 수 있는 지역 커뮤니티의 중심으로 성장하고 있다. 이전 행정복지센터는 민원이 있을 때만 찾거나 지역 단체에서 활동하지 않는 경우 1년이 지나도 방문할 일이 없었다. 도서관은 청소년, 귀촌인 등 다양한 분야에 종사하고 있는 사람들이 찾는 곳이다. 주민들이 모여 관심사의 공통분모를 찾고 동네 이야기를 할 수 있는 사랑방 역할을 톡톡히 하고 있다.

시장님, 안녕하세요. 저는 8살 꼬마 아이를 키우는 엄마입니다.
안성에서 태어나고 자라 20살이 되자마자 고향을 떠나 서울에서 15년을 살다가 아이를 낳고 아이 한 살에 다시 돌아왔습니다. 20대

전부와 30대의 절반을 서울에서 살다가 아이 엄마가 되어 이곳에
다시 돌아왔을 때, 이렇게 지루하고 재미없는 곳에서 다시 살아야
한다니 저 스스로 괜한 패배감과 이상한 열등감이 많이 들었던 것
같습니다.

돌아오고 나서는 적응을 잘 못하고 한동안 마음이 부산스럽기만
했습니다. 나의 고향은 지루하고 재미없는 곳. 문화와 예술의 혜택
을 누리기 어려운 곳. 타 지역에서 친구들이 놀러 와도 데리고 갈 데
가 없는 곳. 아이와 함께 갈 수 있는 데는 맞춤랜드와 팜랜드밖에 없
는 곳. 더운 여름과 추운 겨울에는 그마저도 힘든 곳. 태어나 자란 곳

인데도 편치 않고 그 무엇에도 마음을 잘 못 주었던 것 같아요.

그렇게 지내다가 아이다가 다섯 살이 되어 미양 성모유치원에 다니면서 유치원 근처에 주민센터가 공사한다는 소식을 듣고 기도했습니다. "여기에 도서관 하나만 생기게 해주세요." 제가 사는 대림동산에는 컨테이너 크기의 정말 작은 도서관밖에 없어서 차를 타고 나가야 했는데 시골 마을의 유치원 근처에 그것도 주민센터의 2층에 도서관이 생긴다는 소식을 듣고 정말 많이 기뻤습니다. 도서관이 생긴다고 하니까 큰 공사 때문에 유치원 가는 길을 저쪽으로 몇 개월이나 돌아가면서도 한 번도 불편하거나 싫지 않았습니다. 드디어 도서관이 완공되고 아이의 손을 잡고 이곳에 처음 왔던 그날 이후, 미양작은도서관은 저희의 세컨 하우스이자 놀이 공간이자 배움과 자람의 터가 되었습니다.

특히 작은 부엌이 있어서 아이와 집에서 싸 온 간식을 나누어 먹을 수 있어서 좋았고 어느 도서관에서도 만나보지 못한 세상 친절하신 사서 선생님들이 함께 계셔서 책도 잘 골라주시고 특히 어르신분들과 어린이들에게 많은 배려를 해주셨습니다. 그동안 책 한 줄 읽을 마음의 여유가 없었는데 이 도서관에 오면 마음이 편했습니다. 저는 드디어 고향에 내려온 지 6년 만에 마음 붙이고 사랑하게 된 장소가, 공간이, 사람들이 생겼습니다.

아이가 올해 8살이 되어 학교에 가야 했는데 저는 집 근처의 초등학교가 아니라 집에서 먼 미양초등학교를 굳이 선택했습니다. 제가 사랑하는 도서관 바로 앞에 있다는 이유만으로 선택할 이유가 충분

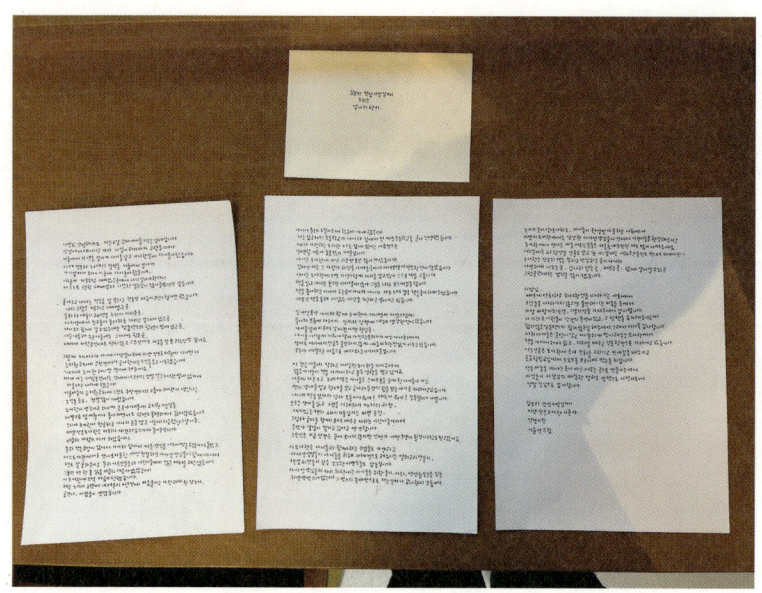

했기 때문입니다. 아이는 도서관에 다닌 1년 반 동안 많이 자랐습니다. 엄마인 저는 그 자람의 과정을 가까운 곳에서 지켜보면서 뿌듯한 적이 많았습니다. 아이는 도서관에 오면 자연스럽게 자리를 잡고 앉아 스스로 책을 고릅니다. 책을 읽고 나서는 동그란 테이블에 앉아 그림을 그리고 보드게임을 합니다. 책을 좋아하는 아이가 오는 곳이 아니라 아이가 자주 오며 결국 책을 좋아하게 되었습니다. 네모난 책을 통해 더 넓은 세상을 차근차근 알아가고 있습니다.

　긴 시간 동안 아이와 함께 도서관에 다니면서 자연스럽게 육아와 보육에 대해서, 정치와 정책에 대해 생각한 적이 있습니다. 아이를 낳아 키우며 알게 된 어떤 현실들. 아이를 어떻게 키워야 할지 다정한 분위기가 아닌 이 사회에서 적어도 여기에서만큼은 불안하지 않게, 마음 다치는 적 없이 키우고 있습니다. 모두가 따뜻한 마음으로 바라봐주시기 때문입니다.

이 작은 마을에 착하고 따뜻한 도서관을 지어주셔서 많은 아이들이 책을 가까이하고 좋은 영향을 받고 있어요. 이곳에 자주 오고 오래 머무는 아이들은 스마트폰을 손에 쥔 아이들이 아닌 책의 냄새를 맡고 형태를 알고 글자와 문장의 힘을 받는 아이로 자라나고 있습니다. 아이가 책을 읽다가 엄마 모퉁이가 뭐야? 태도가 뭐야? 질문할 때 기쁩니다. 모르는 단어를 읽고 그것을 이해하기까지의 과정, 재미있는 책의 페이지를 넘기는 바쁜 손짓, 그림과 글자를 함께 보며 배우고 바라는 시간이 늘어가며 무언가 겹겹이 쌓이고 있다고 생각합니다. 그 무엇은 지금 당장은 눈에 보이지 않지만 언젠가 어떤 모양이 될 것이라고도 믿고 있어요.

이 도서관은 아이들과 함께하는 수업들도 다양하고 사서 선생님들이 아이들을 위해 자체적으로 해주시는 열쇠고리 만들기, 책갈피 만들기 같은 소소한 이벤트들도 감동입니다. 사서 선생님들의 자리 뒤편에는 아이들을 위한 종이, 가위, 색연필 등등을 담은 하얀색 박스가 있는데 그 박스의 존재만으로도 저는 얼마나 감사한지 모릅니다.

노키즈존이 당연시되고, 아이들이 환영받지 못하는 사회에서 미양의 도서관에서는 상냥한 사서 선생님들이 언제나 어린이들을 환영해주시고 도서관에서 만나는 마을 어르신분들은 다른 동네 주민인 저도 많이 아껴주세요. 어느 날에는 파 한 단을 선물로 받고 또 어느 날에는 나눠주신 육전도 먹으며 지내다 보니, 도서관은 단순히 책을 빌리고 반납하는 곳이 아니라 다정하게 나누는 곳, 감사히 받는 곳, 머무는 곳, 함께 살아갈 수 있는 그런 공간이라는 생각을 많이 했습니다.

시장님, 빠르게 변화하고 화려한 것을 따라가는 사회에서 그것들을 따라가지 않으면 불안해지는 마음들 속에서 가장 바탕이 되는 것, 기본의 것을 지켜주셔서 감사합니다. 이 시의 도서관들이 각각의 특색이 있고, 그 정책을 유지해주시는 게 쉽지 않은 일일 텐데 쉽지 않은 일 해주셔서 그래서 더더욱 감사합니다. 저희 아이들은 문턱이 낮고 지혜를 배우고 인문학적으로 자라나고 있습니다. 어르신들은 도서관에 모여 만화를 그리시고 뜨개질을 배우시고 웃음힐링교실에서 트로트를 부르시며 박수를 치십니다. 작은 마을을 떠나는 곳이 아닌 머무는 곳으로 만들어주셔서 이것들이 시장님의 따뜻한 정치로 정책으로 시작이 되어 정말 진심으로 감사합니다.

김보라 안성시장님께

미양 작은도서관 이용자 안성시민 ○○○ 드림

원곡면 행정복지센터 4층에는 청소년들을 위한 카페 '휴카페'가 있다. 신축 이전한 원곡면 행정복지센터의 유휴공간을 리모델링해 멀티룸, 놀이마루, 북카페, 동아리실, PC존 등을 만들었다. 청소년들이 스트레스를 해소하고 정서적 안정을 찾을 수 있는 청소년 휴식 공간을 마련한 것이다. 멀티룸에는 이동형 경사로를 설치해 휠체어를 사용하거나 몸이 불편한 친구들도 제약 없이 공간을 누릴 수 있다. 청소년들을 위한 또 다른 공간, 안성맞춤공감센터는 구도심의 옛 시민회관 자리에 조성해 청소년수련관, 탁구장, 체육관, 청소년상담복지센터, 댄스 연습실, 강의실, PC실, 공예실 등을 갖췄다.

배리어프리(Barrier-Free)가 장애인 등 사회적 약자를 위한 부분적인 디자인이라면, 유니버설 디자인(Universal Design)은 일상에서 모든 사용자를 고려한 포괄적 디자인을 말한다. 안성시도 신규 및 리모델링하는 건축물은 유니버설 디자인을 적용해 짓는 중이다.

대표적인 예가 일죽목욕탕이다. 안성시가 글로벌 광고회사 이노션, 안성의료복지사회적협동조합, 경기도사회적경제원, 월드비전, 사회복지공동모금회 등과 함께 일죽목욕탕을 리브랜딩했다. 주 이용자인 고령층의 안전사고 예방을 위해 실내에는 날카로운 모서리를 없애고 탈의실과 목욕탕 간 온도 차를 해결하고자 중간지대를 만들었다. 또한 위급상황에 대비한 SOS 호출 버튼과 개인별 안전 목욕법을 추천해주는 얼굴 인식 키오스크를 설치했다. 27년간 리모델링 없이 운영된 낡은 대중목욕탕은 세상에서 가장 안전한 목욕탕이자 지역 주민들의 대소사를 나누는 커뮤니티 공간으로 탈바꿈했다. 일죽목욕탕은 준공 이후 세계 3대 디자인 어워드 중 하나인 독일 레드

▪ 세상에서 가장 안전한 일죽목욕탕

닷 디자인 어워드에서 실내 건축 및 인테리어 디자인 부문 최고상을
수상하는 등 국내외에서 다양한 주목을 받으며 사회적 가치 실현의
성공을 입증했다.

　문화공간 확충을 위한 뮤직플랫폼과 문화사료관도 있다. 경기안
성뮤직플랫폼은 뮤지션들의 창작활동에 필요한 악기를 대여해주
는 서비스와 합주실, 연습실 등 창작활동에 필요한 시설을 제공해
시민문화활동을 지원한다. 문화사료관은 기능을 잃은 향토사료관
을 리모델링해 안성의 다양한 역사 및 자료를 전시하였으며 지역 초
등학교 학습 콘텐츠를 연계한 내용으로 학습자료를 제공하기도 한

▪경기안성뮤직플랫폼

▪안성문화사료관

다. 이뿐만 아니라 노후화된 읍면동 행정복지센터도 신축 이전해 주
민들 편의를 도모하고 있다.

　공공건축물은 무턱대고 세우는 것이 능사는 아니다. 최대한 많은
주민에게 어떠한 편익이 돌아갈지 다방면에서 고려하며 완성도를
높여야 한다. 공공건축물의 1순위는 이용하는 시민이라는 점을 잊
지 말아야 한다. 2024년부터 안성시 공공건축물에는 가장 눈에 띄

▪ 삼죽면행정복지센터

▪ 서운면행정복지센터

는 곳에 해당 건축물의 사명을 써놓고 있다. 기획 단계부터 공공건축물의 역할을 이해관계자들이 함께 모여 논의하고, 그 내용을 모두 알게 하여 운영 원칙으로 삼기 위함이다.

안성시 공공건축물은 이곳저곳에 흩어진 기능을 모아 복합공간으로 조성했다는 점이 가장 큰 특징이다. 신축 이전한 행정복지센터는 행정업무를 기본으로 보건지소, 작은도서관, 주민자치, 평생학습, 청소년활동 공간이 한곳에 모일 수 있도록 설계해 시공했다. 행정복지센터의 프로그램실, 회의실, 주방 등은 대관을 통해 모두가 이용할 수 있다. 공도읍에는 주민자치센터, 노인복지시설, 청소년시설, 문화·체육시설 등 복합 커뮤니티 센터인 공도시민청이 2026년 하반기 들어설 예정이다. 전 세대 시민들이 함께 공유하는 공간으로 조성해 특별한 일이 없어도 쉽게 오갈 수 있는 곳, 증명서를 발급받으러 들렀다 책도 빌리고, 건강검진을 받고 여가활동을 할 수 있는 보다 편한 시설이 안성시 읍면동 15개 지역에 만들어지고 있는 것이다.

새로운 시선이
태어나는 공간의 힘 ②

포항시 — 그린웨이 프로젝트

도심 내 공원은 단순한 녹지 공간을 넘어 도시민의 삶의 질 향상에 기여한다. 휴식과 여가활동 장소로서 스트레스 해소를 통한 건강 증진뿐만 아니라 도시 생태계를 유지하고 생물다양성을 보존하는 역할을 하기도 한다. 또 자연과 만남을 제공해 심리적 안정과 환경적 균형을 제공해 도시의 지속가능성을 높인다. 특히 선형공원은 도로, 철도, 하천 등을 따라 조성한 도시형 공원으로 도시 내 단절된 녹지를 연결하는 녹색 축이기도 하다.

철강산업의 대표주자 포스코 본사가 위치한 포항은 산업도시 이미지가 강하다. 포항은 사람을 중심 가치로 두고 사람과 자연, 문화가 어우러진 녹색 생태도시를 위해 변화를 시도했다. 철길숲 조성 과정에서 포항 그린웨이 범시민추진위원회를 통해 주민들과의 갈

등을 조정하며 참여를 독려했고, 포럼을 수차례 개최해 관계 직원들과 주민들이 문제점과 해결 방안에 대해서 적극적으로 토론했다. 단기적으로는 아파트를 세우고 상권을 조성하는 것이 많은 자금이 유입되는 방법이었지만, 포항은 우선 가치를 자연에 두고 도심과 자연, 숲길과 물길 등 도심 곳곳을 연결하는 녹색 보행망을 구축하는 '그린웨이 프로젝트'를 시행했다. 철강공단 외 5개소에 미세먼지 차단 숲을 조성하고 일상 속 맨발 걷기 문화 확산으로 제1회 대한민국 맨발걷기 축제를 성공적으로 개최하기도 했다.

포항철길숲은 2015년 KTX 포항 직결선 개통으로 동해남부선 도심구간이 폐선되며 방치된 철로를 활용해 조성한 포항의 대표적인

▪ 포항 스페이스 워크

도시 숲이다. 총 길이 9.3km의 인적이 드물었던 철길은 많은 나무를 식재하고 산책로와 휴게공간으로 조성해 하루 평균 3만여 명, 주말에는 5만여 명의 방문객이 철길숲을 찾고 있다. 공간 변화에 따른 관광객 유입과 지역 상권 활성화는 자연스러운 흐름이었다. 또 천년고찰 오어사에서 내연산 보경사를 축으로 하는 산림권역, 해양관광도시로의 도약을 위한 '해안권역', 포항철길숲을 중심으로 하는 '도심권역' 등 3개 권역을 설정해 체계적인 녹색 생태도시를 조성하고 있다.

세계보건기구(WHO)가 제시한 1인당 최소 공원 면적은 9m^{2}로, 도심 내 공원은 직주 근접한 공원으로 신체 활동을 촉진하고 도시 대기질 개선과 열섬 효과를 완화할 수 있다. 주거지에서 가까운 공원은 접근성이 높아 시민들의 걷기 운동률을 높여 건강에 긍정적인 역할도 한다. 그러나 안성시 1인당 공원 면적은 5.26m^{2}로 WHO가 제시한 1인당 공원 면적에 못 미치고 있다. 혹자는 안성이 산과 농지가 많아 공원이 적어도 괜찮다고 하지만, 농지 역할과 기능은 환경적 측면에서 보면 공원과 반대다. 또한 산림은 접근성에 있어 공원과 큰 차이가 있다.

안성시가 도시 환경 개선을 위해 시내권과 공도 지역에 조성하고 있는 도시바람길숲은 상쾌한 외부 공기를 도심으로 끌어들여 미세먼지를 차단하고 대기 순환을 통해 도심 내 열기를 외부로 배출하는 역할을 한다. 2021년 산림청 주관 공모사업에 선정되어 2023년부터 2025년까지 총 200억 원 예산으로 진행된다.

도시바람길숲은 바람생성숲, 연결숲, 디딤확산숲 등으로 구성된다. 바람생성숲은 도시 외곽 산림 및 녹지로, 야간에 찬 공기를 생성하는 역할을 한다. 연결숲은 바람생성숲에서 만들어진 찬 공기를 도심으로 유입시키는 통로 역할을 하며, 디딤확산숲은 도시 내 거점숲으로 기온 차를 통해 미풍을 생성한다. 지난해에는 당왕사거리 교통섬, 아롱개문화공원, 중앙대학로, 아양로에 조성했으며 이어 순차적으로 금석천, 승두천, 서동대로, 공도 시내 등에서 진행된다. 도시바람길숲은 도심 속 녹지 확대, 도시 열 감소, 미세먼지 완화, 휴식, 운동 및 문화공간 제공의 이점이 있어 지속가능한 도시발전 모델 중 하나가 될 수 있다. 안성시는 도시의 체계적인 발전과 시민의 삶의 질 향상을 위해 성장관리 계획을 수립하면서 녹색 축을 연결할 예정이다.

▪ 금석천 도시바람길숲

• 안성 도시바람길숲

이동할 수 있는 권리

신안군 ― 버스 완전공영제

대중교통 정책은 도시의 지속가능한 발전을 위한 필수 요소다. 인구가 감소하면 대중교통 이용자 수도 떨어지니 당연히 적자가 증가한다. 경제적 이유로 시에서 대중교통 사업을 포기한다면 운전할 수 없는 청소년들은 이동에 제한이 생기기 때문에 면 단위 젊은 층 인구 유출로 이어진다. 현재 면 단위 고령화율은 30%가 넘는 비율로, 갈수록 자동차 이용 인구는 줄어들 수밖에 없고 해당 지역에 사는 고령자는 사회로부터 고립될 것이다.

어르신, 장애인, 저소득층 등 교통 약자들에게 이동 자유와 권리를 부여하면 이들의 사회 참여 기회는 확대된다. 개인 차 이용이 증가하면서 발생하는 도로 정체 현상을 효과적으로 줄여 이동 시간을 단축시키고, 탄소 배출량을 줄여 기후변화 대응과 도시의 지속가능성 확보에 중요한 역할을 한다. 잘 정립된 대중교통 인프라 구축은 일자리 창출과 지역경제 발전으로 이어질 수도 있다. 효과적인 대중교통 정책은 도시의 경제, 환경, 사회적 측면에서 모두 균형 있는 발전을 이끌어낸다.

대한민국에서 가장 많은 섬을 가지고 있는 지자체, 전라남도 신안군은 유인도 72개와 무인도 953개 등 1,025개 섬을 보유하고 있다. 지리적 특성상 버스 회사 적자가 심각했고 신안은 33개 노선 14개 버스 운송 업체에 재정적 지원을 했지만 여의치 않았다. 신안은 민간운송업체 한계를 극복하고 지역 주민 불편을 해소하기 위해 2007년 임자도에서 공영 버스를 시범 운행했다. 주민들 호응에 5년 동안 약 86억 원을 투입해 14개 업체의 버스 22대를 모두 사들였다. 기존 버스 업체 운수 종사자 중 운전기사를 희망하는 사람들을 우선 고용했고 직업 전환 희망자의 경우 정책 지원도 나섰다. 33개의 기존 버스 노선을 117개로 확대하고 69대로 증차한 신안군 버스 공영제 사업은 14개 읍면으로 확장했고 마침내 2013년 전면적으로 시행하게 된다. 또 다른 공영 버스, '수요응답형 1004 버스'는 경기도의 '똑버스'처럼 수요에 따라 탄력적으로 운영되고 있다. 밤낮없이 응급 상황 시에도 활용할 수 있으며 학생들과 65세 이상 어르신은 무료로 이용 가능한 무상 교통이기도 하다. 전국 지자체 최초로 신안군이 도입한 시내버스 완전공영제는 손에 꼽히는 '잘 만든 정책'이다. 운수 관계자들의 복지와 임금 상승, 지역 상권 활성화, 짧아진 대기

▪ 안성시에서 운영 중인 똑버스

시간과 저렴한 교통 요금으로 군민 이동량 증가 등의 경제적 효과로 사업의 정당성과 지속성을 입증했다.

당연하게도 신안과 안성 여건이 다르다 보니 동일한 방식으로 추진할 수는 없지만 사례 수집을 위한 벤치마킹 목적에는 충분히 부합했다. 안성은 대중교통 노선이 부족하다. 또 타 지자체와 비교했을 때 인구수 대비 넓은 면적이지만 수도권 중에서는 유일하게 철도와 전철이 없고, 버스 노선과 운행 횟수도 부족해 교통 약자들에게는 권역별 이동이 쉽지 않은 상황이었다.

우선 공공시설 접근성을 높이는 것이 큰 과제다. 개인 승용차 없이 대중교통으로도 쉽게 오갈 수 있도록 공공시설과 관광지, 주거지를 연결하는 대중교통 노선을 신설했다. 시내순환 신규노선은 2개(90·91번)가 운행 중이며 안성맞춤아트홀, 공감센터, 아양동 주택단지, 안성향교, 중앙도서관, 한경대 동문, 고용복지센터, 안성제1산업단지 등을 경유한다.

안성시는 시내버스 공공관리제(경기도 버스 준공영제) 시행으로 더 안전한, 더 편리한, 더 친절한 시내버스 운영을 도모했다. 경기도형 준공영제는 기존 시행한 버스 준공영제를 보완한 내용이다. 경기도형 준공영제는 민간버스회사에 지급하던 기본 이윤을 없애고 100% 성과에 따라 이윤을 지급하며, 경기도가 운영 수익을 거둔 후 성과에 따라 업체에 분배하는 방식으로 공적 관리를 강화했다. 또 매년

안전관리를 제대로 했는지, 서비스가 개선됐는지 평가해 3년마다 계약을 갱신한다. 현재 안성시가 공공관리제를 도입한 노선은 시 주관 9개 노선 19대, 도 주관 4개 노선 44대다.

안성시가 삶의 질 향상과 대중교통 공공성 증진을 위해 추진하는 전 시민 무상교통 지원 사업 대상은 65세 이상 어르신으로 시작해 지금은 저소득층 주민까지 확대됐다. 무상교통 누리집에서 회원가 입 후 카드를 발급받아 사용하면 월별 정산해 환급하는 방식으로 운 영된다. 또 다른 핵심 사업인 광역버스는 안성~강남(4401·4402번)의 높은 수요에 이어 송파행(4305번) 신규노선을 운행 중이다. 똑버스 도 기존 서부권(공도, 양성, 원곡)과 동부권(일죽, 죽산, 삼죽)에서만 운행하던 지역을 2024년 북부권(양성, 고삼, 보개, 대덕)과 남부권(서운, 미양, 금광, 보개)까지 확대해 운행하며 시민들의 대중교통 이용 편의를 한층 더 높이고 있다.

도시의 심장은
문화로 뛴다

청주시 — 문화도시

대한민국 문화도시는 문화예술, 관광, 전통, 역사 등 지역 특색 있는 문화자원을 효과적으로 활용해 문화적 가치를 창출하는 도시를 말한다. 문화체육관광부의 대한민국 문화도시 사업은 2018년부터 시작되었으며 현재까지 전국 총 24개 지역이 문화도시로 선정됐다. 문화체육관광부에 따르면 문화도시를 통해 생기는 경제적 파급 효과는 5,000억 원에 달하고, 민관 협력 투자 5,000억 원 유치, 일자리 1,700개 창출 등의 경제적 효과가 발생한다. 지역 고유 문화자원을 활용한 도시 브랜드를 창출하고 지역 주민 문화 참여와 향유 기회를 확대한다.

문화자원은 관광과 정주 여건, 두 가지 측면에서 도시 매력을 한층 끌어올리며 문화도시로 경쟁력을 높인다. 먼저 관광 측면에서 문화도시 지정은 문화자원을 활용한 관광 진흥으로 인근 지역의 경제적 효과를 기대해볼 수 있다. 지역 내 역사 및 문화재에 대한 의식 고취로 가치를 제고하고 문화 교류 네트워크가 구축돼 도시 위상을 강화할 수 있다. 지역 내 거주하고 있는 지역민들을 위한 정주 여건도 개선된다. 문화공간이 조성돼 문화 접근성이 향상되고 지역 주민 여가활동 만족도가 개선돼 생활인구가 증가한다.

청주는 2019년 제1차 대한민국 문화도시로 지정돼 성공적으로 사업을 추진해오고 있다. 청주는 '기록문화 창의도시'를 비전으로 삼고 문화를 통한 지속가능한 지역 발전과 지역 주민의 문화적 삶을 확산하고 있다. 동네기록관과 시민기록관을 조성해 다음 세대에 보존 가치가 있는 기록물을 발굴하고 주변 자원에 대한 자료들을 기록한다. 또 기록이나 기억을 주제로 콘텐츠를 제작하고 발전시켜 '기록문화도시'라는 청주만의 브랜드를 창출하는 중이다.

연간 100억 개비의 담배를 생산해 세계 17개국에 수출하던 담배 생산 공장이자 지역을 대표하는 산업 시설이었던 옛 연초제조장은 도새재생 사업을 통해 현대적으로 재해석되며 시민을 위한 문화공간, 문화제조창으로 탈바꿈했다. 주민 공동 공간 '마주침홀', 독서 공간 '책 골목길', 옛 연초제조장 모습을 기록한 '아카이브 로드' 등 주민들을 위한 곳으로 만들어져 지역문화예술을 선도하고 있다. 뒤에서 도시재생에 대해 자세히 기술하겠지만, 문화제조창 역시 국토교통

▪문화제조창

부와 청주시 도시재생사업을 거쳐 예술문화생산시설로 탄생했다. 문화제조창은 옛 담배 공장 구조를 활용해 공예클러스터, 문화체험 시설, 상업시설 등 내부 공간으로 활용하고 있다.

연초제조창 담뱃잎 보관 창고인 동부창고는 시민들의 문화예술 놀이터가 됐다. 1960년대 창고 원형을 유지하고 있어 근대문화유산 으로서 보존 가치가 높다. 넓은 공간 덕에 실내에서 다양한 창작 활 동이 가능하다. 동부창고 벽에는 시민과 예술가들이 그린 그래피티 로 장식됐다. 낙서 수준인 그림부터 예술작품 같은 그림까지, 제각 기 수준이 다른 벽화들은 시민 누구나 사용할 수 있는 예술 공간인 만큼 사람들 흔적을 지우지 않고 그림이 통일되지 않아 오히려 더 자연스럽고 아름답다. 이런 가치를 인정받아 문화제조창과 동부창 고 시설은 문화체육관광부 '로컬 100'으로 선정되기도 했다. 충청북 도 지역 유일한 국제 미술전시로 지역 문화 정체성을 강화하는 청주 공예비엔날레도 바로 이곳에서 열린다.

영국 런던 최고 건축물이자 세계 최고 현대미술관으로 평가받는 테이트 모던 미술관은 과거 화력발전소였다. 해당 화력발전소는 산 업화를 이끌다 환경오염에 대한 비판과 경기 불황 등의 이유로 문을 닫게 된다. 오랫동안 방치된 이곳을 정부와 테이트 재단이 손을 잡 고 미술관으로 리모델링했다. 산업혁명의 상징인 99m 높이 굴뚝을 살리는 등 외관 대부분을 보존했다. 과거와 현재를 단절하지 않고 원형을 이어받은 테이트 모던은 연간 600만 명이 방문하고 있다. 청주 문화제조창과 동부창고, 그리고 테이트 모던은 지역 흉물로 평가받던 쇠퇴한 건물을 리모델링해 문화적 가치를 재발견한다는 맥락에서 비슷하다.

안성시는 2023년 12월 대한민국 문화도시 조성계획 승인 대상지로 선정된 이후 2024년 바쁘게 달려왔다. '장인공예문화 유통의 도시 안성문화장'을 중심으로 문화도시 기본 계획을 구축했다. 새로운 문물과 각 지역의 특색 있는 예술이 서로 교차했던, 조선시대 삼남지방의 길목에서 번영한 안성장을 현대로 끌어와 장인공예문화가 유통되는 문화도시로 성장하는 것이 목표다.

가을에는 2024 안성맞춤 남사당 바우덕이 축제와 연계해 '전국유람 안성문화장 페스타'를 성공적으로 마무리했다. 전국에서 온 공예 장인들이 안성에 모여 예술품을 전시하거나 체험할 수 있도록 했고, 인물 중심에서 문화로 저변을 확대하며 리브랜딩해 대한민국을 대표하는 축제로 포지셔닝하는 등 그야말로 성대한 '場'을 열었다. 전통·문화·예술·관광 분야의 지역 문화 장인을 발굴하고 경쟁력 있는 비즈니스를 창출하는 문화장인학교, 지역 내 독립서점, 카페 등 거주지 근접한 곳에서 누릴 수 있는 문화를 표방한 15분 문화교류장 등 프로그램을 열어 시민과 함께 호흡하는 문화를 만들었다. 또 원도심에 방치되어 있던 안성 군수관사를 리모델링해 다목적 문화

▪ 안성시 문화창작플랫폼

거점공간으로 조성하는 문화상단 거점을 구축했다. 문화거점 공간은 기념품·특산품 판매, 지역 문화관광 정보 제공, 방문객들이 자연스럽게 만날 수 있는 커뮤니티 역할을 한다.

　2025년 안성시는 수도권 최초로 대한민국 문화도시로 최종 선정됐다. 안성시는 '안성맞춤 장인·공예문화 유통의 도시, 문화도시 안성'을 비전으로 설정하고 체계적인 생산-유통-소비 순환 시스템을 구축하기 위해 4개 분야 13개 사업을 수립했다. 문화주체 양성, 문화경쟁력 강화, 문화교류 확대 사업 등을 통해 지속가능한 지역 문화생태계를 구축하고 고급·대중 문화예술이 공존하는 문화 거점도시로 성장해 나갈 것이다.

▪ 문화장 모습

지역에서 시작하는
교육 발걸음

밀양시 ― 밀주초등학교

현대 사회에서 교육은 고향에서 대도시로 향하는 이탈의 계기가 되곤 한다. 소위 말하는 명문고, 유명 학원가들이 밀집한 지역에 조성된 '학군지'를 따라 부동산이 조성되는 경우가 있다. 대표 학군지 중 하나인 강남구 대치동에는 방학특강 시즌에 맞춰 단기 월세 매물이 나오지만 그마저도 공급이 수요를 못 따라가는 정도다. 이제는 교육이 이탈의 수단이 아니라 지역 재생과 발전의 원동력으로 삼을 수 있도록 고향에 머무를 수 있는 교육이 필요하다.

밀양 구도심에 있는 밀주초등학교는 약 10년 전만 해도 전교생 500~600명 규모였으나 2020년대 들어 120명 규모로 학생 수가 급감했다. 학교 소멸 위기에 직면한 밀주초등학교는 학교와 학생, 학부모가 모두 적극적으로 노력해 전국에서 주목받는 교육혁신 학교

• 밀주초등학교

로 성장과 변화를 일궜다. 밀주초등학교는 2020년 경남형 학교 공간 혁신모델 구축사업 선정에 따라 교내 유휴공간을 학교와 지역민들이 함께 활용할 수 있도록 열린 공간으로 조성하며 학교 공간 혁신 우수사례로 꼽히고 있다.

지역 주민과 함께 가꾸고 쉴 수 있는 '생태 운동장'에는 쉼터와 산책로 등이 조성됐으며 16,500권의 도서가 수장된 도서관, 북카페, 놀이터, 중앙현관을 결합한 복합문화공간 '꿈자람터' 등이 허물없는 학교 모습을 보여준다. 이에 더해 교실에서 바로 교실 밖 데크와 운동장을 연계해서 설계해 공부와 놀이 공간이 함께하는 열린 공간을 조성했다. 밀주초등학교 공간혁신의 중점은 '학교 주인은 누구인가'에 있었다. 외부에서 바라보는 학교가 아니라 실제로 학교를 사용하는 학생들을 중심으로 공간을 조성하고 활용하도록 다시 구성했다. 학생들이 이용하지 못한 중앙현관을 학생에게 돌려주고, 교장실 등 소수의 어른이 사용하고 있던 넓은 공간을 줄이고, 학교를 따뜻한 창의력이 샘솟는 공간으로 만드는 데 의미를 두고 있다.

초등학생은 6시간, 중학생은 8시간, 고등학생은 12시간… 짧게는 하루의 1/4, 길게는 하루의 반 이상을 학교에서 머무는 학생에게 학교는 편안하고 아늑한, 최적의 환경을 갖춰야 한다. 나는 이 대목에서 죽화초등학교가 생각나지 않을 수 없었다. 죽화초등학교는 2021년 9월 혁신학교로 지정된 후 미래를 준비하는 열린 교육을 실

천하고 있다. 일제강점기 잔재인 조회대는 학생들이 목공 시간에 직접 만든 신발 걸이와 산호초 조형물을 설치하며 학생 누구나 웃으면서 마음껏 놀 수 있는 놀이터로 변화했다. 죽화초 교장실에는 카페 '상철이네'가 있다. 죽화초등학교 교장 선생님 성함에서 따온 이 카페는 학생들과 선생님들이 등하교시간, 쉬는시간, 점심시간에 자유

▪ 개산초등학교

롭게 드나들어 다과를 즐기고 허물없이 학생-학생, 학생-선생님, 선생님-선생님 간 대화가 이뤄진다. 교장실은 닫힌 문 뒤에 있는 권력의 형태보다 동네 사랑방 내지는 동아리실에 가까운 모습을 보이고 있다.

개산초등학교도 마찬가지다. 지난봄 학생 수 50명 남짓한 개산초에서 IB교육과정 수업을 참관했을 때 선생님은 아이들에게 정해진 답을 알려주기보다 '생각해보세요', '정답은 없어요' 같은 말로 아이들 생각을 가두지 않고 확장하는 수업을 진행했다.

이처럼 전교생 규모가 100명 이하인 작은 학교들은 입학 정원 감소, 인구 유출 등의 문제점에 맞설 수 있는 저마다의 소구점을 갖고

있다. 작은 학교들의 유지를 위해서는 주소지와 상관없이 과밀학급 지역에서 과소학급 지역으로 전·입학이 가능한 공동학구제 등 시스템을 구축하는 노력이 필요하다. 학군을 찾아 지역을 떠나는 교육이 아니라, 청소년 개개인의 특성과 재능을 발전시킬 수 있도록 머무를 수 있게 하는 교육 역시 중요하다.

안성시와 안성교육지원청은 업무협약을 맺고 미래교육협력지구를 추진하고 있다. 미래교육협력지구는 학교와 지역사회의 연계를 통해 학생이 자신의 꿈을 실현할 수 있도록 경기도교육감과 기초자치단체장이 협력해 학생의 조화로운 성장을 지원하는 지역이다. 또한 안성시는 2025년 교육발전계획을 수립하고 안성 교육 여건과 지역사회 연계 정책을 분석하고 교육지원청, 대학, 산업체 등과 협력해 지역 특성을 반영한 교육 모델을 개발하고 있다. 특히 교육발전 계획의 직접적인 대상인 학생과 교사, 그리고 시민 요구를 반영하는 정책 과제와 실행계획을 마련해 안성시 교육 발전을 도모한다. 최근에는 다양한 교육 수요자와 관계자들 의견을 종합적으로 수렴하기 위해 안성시 교육발전 포럼을 진행하기도 했다. 포럼에는 지역 대학 교수와 교육지원청 장학사, 학부모, 학생 등이 참여했으며 안성시 교육 발전 비전과 목표, 구체적인 실행 전략을 제시해 시민들이 직접 체감할 수 있는 교육 개선안을 도출했다.

함께 걷는
공존의 길 ①

여주시 — 푸르메소셜팜

　푸르메소셜팜은 국내 최초, 유일 발달장애인을 위한 스마트팜이다. 이상훈·장춘순 부부가 발달장애인 직업교육 환경 개선을 위해 장애인 지원 전문단체 푸르메재단에 기부한 1만1,800㎡ 규모 농원 부지에서 출발했다. 이후 푸르메재단과 여주시, SK하이닉스 등 민관이 협력해 발달장애 청년들이 쾌적한 환경에서 정당한 대우를 받으면서 일할 수 있는 치유농업 농장 '푸르메소셜팜'을 설립했다. 사물인터넷(IoT)과 인공지능(AI) 등 기술을 도입해 컴퓨터가 자동으로 온습도를 계측하고 작물 발육 상태에 따라 영양액을 공급하는 스마트팜을 활용해 발달장애인도 쉽고 편리하게 농사를 지을 수 있도록 조성했다.

　가장 큰 특징은 발달장애인을 보호해야 하는 대상이 아니라 보통

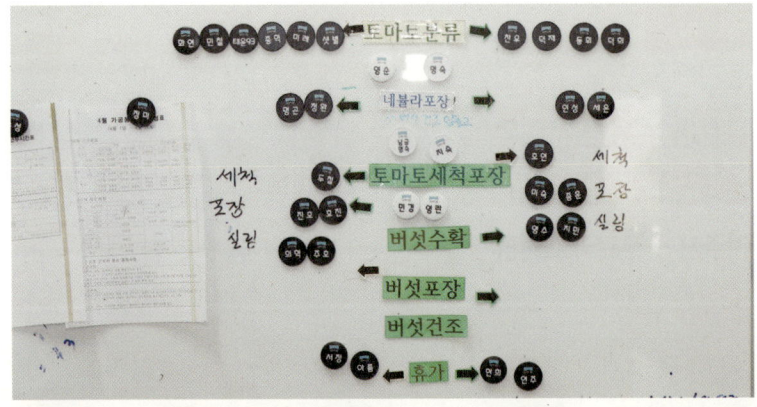

▪ 푸르메소셜팜

의 직원으로 정당하게 대우해준다는 점이다. 발달장애인은 취업 기회 자체도 어려운 편인 데다, 취업을 했다 하더라도 장애인 노동자는 노동력이 70% 이하로 평가되면 최저임금을 보장하지 않아도 되는 최저임금법을 악용하는 일부 기업 때문에 제때 월급을 받지 못하는 경우도 허다하다. 이에 반해 푸르메소셜팜은 정식으로 업무에 투입되기 전 직업 훈련 기간을 통해 업무에 익숙해질 수 있는 시간을 주고 있고, 전 직원 모두에게 최저임금 이상을 지급해 직원 54명 중 6명이 자립에 성공하기도 했다. 발달장애인도 비장애인처럼 똑같이 일하고 성과를 얻을 수 있어 푸르메소셜팜은 장애인들에게 '꿈의 직장'으로 통한다.

장애인에게 가장 좋은 복지는 일자리라는 말이 있듯이, 푸르메소셜팜은 성공적으로 재활을 마친 장애 청년들이 농업에 종사하고 있다. 직업적 성장과 더불어 자립성을 높이기 위한 요리, 요가, 탁구, 미술 등 교육 문화 프로그램은 직원들의 사회성 발달에 큰 도움이 되고 있다. 푸르메소셜팜은 그저 장애인들을 위한 스마트팜 일터를 넘어서 집단 간 교류를 통해 사회를 배우고, 자립 기회를 얻고, 미래에 대한 희망을 키워갈 수 있는 곳이라는 점에서 큰 의미가 있다. 몸이 불편한 장애인들도 스마트팜을 통해 즐겁게 일할 수 있는 일자리가 마련된다는 측면에서 농업과 복지의 새로운 모델을 발견하는 기회였다.

▪ 바우덕이 축제 수익금 중 일부를 기부한 디딤 사회적협동조합

    2015년 공동모금회 사업으로 시작한 안성시 디딤 사회적협동조합은 장애인 부모와 사회복지사, 후원자 등이 장애인 자립생활을 위해 함께 설립한 비영리단체다. 사업 중 하나인 '디딤 카페'는 바리스타 자격증을 취득하고 직업 훈련을 받은 장애인을 고용해 운영하고 있다. 모든 수익금은 발달장애인 자립 지원을 위해 사용 중이다. 지역 내 디딤 카페는 아양도서관 등 벌써 3호점까지 문을 열었다. 그뿐만 아니라 디딤 사회적협동조합은 일상생활 및 직장예절 지도, 여가활동 및 평생교육 프로그램 실시, 바우덕이 축제 및 플리마켓 참여

등 장애인의 경제적, 사회적 활동 저변을 넓히고 있다.

　이에 더해 안성시는 장애인 자립과 일상생활 편의 증진을 위해 복지 인프라를 확충하고, 평등한 삶을 실현하기 위해 지원 사업과 다양한 정책을 펼치고 있다. 각종 수당뿐만 아니라 평생교육 참여 기회를 확대하고 역량 개발을 지원하기 위해 장애인 평생교육 이용자를 선정해 연간 35만 원의 평생학습 교육비와 강좌 교재비 등을 지원한다. 특히 대림동산 내 설립된 장애인복지시설에는 장애인 보호작업장, 주간이용시설, 단기거주시설 등이 들어서 장애인들의 복리 증진을 든든하게 뒷받침한다. 안성시장애인복지관은 안성시 장애인복지의 허브 역할을 담당하고 있다. 취업 및 취업 유지를 위해 교육, 훈련, 지역사회 연계 등 다방면으로 자립과 사회참여를 돕고 여가문화·사회참여·동아리 프로그램 등을 운영하며 장애인과 가족까지 함께 지원하고 있다.

▪대림동산 장애인복지시설

▪장애인 평생박람회

함께 걷는
공존의 길 ②

오산시 ― 반려동물 테마파크

반려동물 양육 인구 1500만 명 시대, 급속도로 늘어나는 반려동물 양육 인구에 지자체도 이에 맞는 반려동물 친화 정책을 펼치고 있다. 오산시는 SBS 프로그램 〈TV 동물농장〉과 업무 협약을 맺고 2021년 9월 반려동물 테마파크를 조성했다. 반려견 운동장과 수영장, 장애물 훈련장, 유기견 지원센터 등이 들어서며 개장 당시 수도권 최대 반려동물 복합문화공간으로 각광받았다. 다만 내부 시설 중 몇몇 곳은 이용객이 저조하거나 관리 및 구조상의 문제로 운영하지 않고 있으며 실외 동물놀이터는 반려견의 배설물, 발톱 등으로 잔디 관리에 어려움이 있어 보였다. 오산시 사례를 참고해 우리 시 반려동물 테마파크 조성에 가이드라인을 제시하고 내실 있는 사업으로 추진한다면, 시민뿐만 아니라 외부에서도 찾아오는 지속적인 운영이 가능한 반려동물 이용 공간을 조성할 수 있을 것이다.

반려동물 문화행사, 댕댕이 시네마 피크닉 등 행사나 주말 안성맞춤랜드, 팜랜드 등에서 열리는 행사에 참석하면, 반려동물과 함께 참여하는 많은 시민분을 만나게 된다. 심지어 서부내륙고속도로에 들어선 평택호 휴게소에는 1,322㎡ 규모의 펫파크가 조성됐다. 목적지가 아닌 경유지에서도 반려동물 친화 공간을 조성한 것이다. 해가 갈수록 '펫팸족' 숫자가 늘어나는 것이 눈에 보이면서 넓은 곳에서 반려동물과 함께하는 반려인, 비반려인 모두 함께 즐길 수 있는 공생 공간이 필요했다. 안성맞춤랜드 캠핑장 옆 부지에는 반려견 놀이터 '같이파크'가 조성됐다. 대형견과 소형견의 활동 공간을 구분했고 배변 봉투를 수거할 수 있는 수거함을 만들어 더욱 안전하고 쾌적하게 이용할 수 있도록 했다. 안성맞춤랜드는 같이파크 조성으로 반려인들과 반려견들이 조금 더 자유롭고 마음껏 뛰놀 수 있게 됐다.

▪ 안성시 반려견 같이파크

2장
지속가능경제

오늘날 우리는 급격한 경제 성장과 기술 발전의 혜택을 누리고 있지만, 동시에 이러한 발전이 가져온 부작용과 새로운 도전에 직면해 있다. 현재 경제 구조는 지역 간 불균형과 소외, 그리고 지역 자산 유출이라는 심각한 문제를 야기하고 있다. 지금까지 경제 시스템은 효율성과 생산성을 극대화하는 데 주력해왔다. 이 과정에서 대기업과 수도권 중심 경제 구조가 형성되었고, 지역 풀뿌리 경제 약화로 이어졌다. 청년들은 일자리를 찾아 대도시로 떠났고 지역에서 생산된 부가가치는 대기업 본사가 있는 수도권으로 흘러간다. 이러한 현상은 지역경제 침체와 인구 감소, 그리고 지역공동체 붕괴라는 악순환을 초래하고 있다.

경제 성장 혜택은 모든 사람에게 고르게 분배되지 않아 어르신, 장애인, 저소득층 등 사회적 약자의 어려움은 더욱 가중되고 있다. 경제활동에서 배제되거나 불리한 조건에 놓이는 소외계층 문제는 사회적 불평등을 심화시키는 요인 중 하나다. 특히 지방에서는 이러한 문제가 더욱 두드러지게 나타나, 지역 간 격차를 더욱 벌리는 결과를 낳기도 한다.

이러한 문제들을 해결하기 위해서는 지역 중심의 새로운 경제 패러다임, 지속가능한 경제가 필요하다. 지속가능경제 관점에서 지역경제를 재구성하는 것은 이러한 도전에 대한 해답이 될 수 있다. 지역 주민이 주체가 되어 지역 자원을 활용하고, 그 혜택이 다시 지역으로 환원되는 순환 경제 시스템을 구축해야 한다. 사회적경제 기업, 협동조합, 마을기업 등을 통해 지역 주민 참여를 확대하고, 지역 특성에 맞는 일자리를 창출해야 한다.

또한, 지역 내 소비를 촉진하며 부 역외 유출을 막고 농업, 제조업, 서비스업 등 다양한 산업 분야에서 지역 특색을 살린 경쟁력 있는 제품과 서비스를 개발하고 이를 브랜드화하는 노력도 필요하다. 짧은 기간 내 가시적인 성과를 내기는 어렵지만 지역 자립성과 회복력을 높이고 진정한 의미의 지속가능한 발전을 이루는 길이 된다. 지자체, 주민, 기업 등 모두의 참여와 노력이 필요한 장기적인 과제지만, 우리 지역과 다음 세대를 위해 반드시 이루어내야 할 소명이기도 하다.

경쟁사회의
오아시스

광진구 ─ 사회적경제와 공유경제

　안성시 사회적경제 뿌리는 1987년에서 시작된다. 연세대학교 의대·치대·간호대 학생들은 여름이면 안성시 고삼면에서 농촌봉사활동을 하고, 주말마다 무료진료소를 운영하였다. 나는 대학교 2학년인 1989년 이 봉사활동에 함께했다. 규모가 점점 커져서 나중에는 다른 학교 한의대와 약대 학생까지 참여하게 되었다. 작은 연세대 동아리는 '안성진료회'라는 팀으로 발전했고 안성진료회는 안성에서 활동할 수 있게 도와준 고삼면 청년회와 의기투합해 상설의료기관을 만들었다. 그렇게 국내 첫 의료생활협동조합이자 안성 사회적경제의 시초, '안성의료생협'이 탄생했다.

　졸업 후 안성의료생협 설립을 준비하고 있던 1993년, 스페인 몬드라곤을 알게 됐다. 협동조합을 이야기하면서 빼놓을 수 없는 몬드라곤은 세계에서 가장 성공적인 협동조합 중 하나로 꼽힌다. 몬드라곤은 1956년 설립 이후 인간 존엄성, 함께 살기, 일하기, 교육 등 네 가지 확고한 이념 아래 약 120개 협동조합과 8만 명의 노동자로 구성된 거대한 협동조합 연합체로 성장했다. 세 번째 혁신투어는 한국 몬드라곤이라 불리는 광진사회적경제네트워크의 지역 자산화 사례 투어로 정했다.

지역 자산화는 경제적 가치가 있는 건물, 토지 등 자산을 지역 주민이 공동으로 소유하고 운영하며 지역사회에 기여하는 사업이다. 젠트리피케이션 문제를 해결하고 유휴공간 증가를 방지하기 위해 지역공동체 활동 기반을 마련하는 하나의 방법이다. 지역 자산화는 지역 내 활동가와 사회적경제 단체에게 안정적인 활동 기반을 마련해주고 이를 구심점으로 주민이 하나로 모일 수 있다는 점에서 시사하는 바가 크다. 지역 자산화의 대표 사례로는 건해산물 거리를 살리기 위한 목포의 1897 건맥펍&스테이, 원도심 활성화와 농어촌 공정여행을 이루는 제주의 고요산책 및 푸른바이크 쉐어링 자전거 학교 등이 꼽힌다.

광진사회적경제네트워크는 2015년 설립돼 연대와 협동으로 함께 사는 경제공동체 실현을 목표로 하고 있으며 64개 회원사, 수천 명의 조합원과 함께하고 있다. 먼저 광진구 공동체 주택 '도전숙'은

1인 청년 창업인의 주거비와 사무실 임대료 부담을 줄이고자 마련됐으며 청년 정착과 지속적인 활동을 돕고 있다. 지역 자산화를 위해서는 부동산 거래가 필수다. 일반인들에게 다소 어렵게 느껴질 수 있는 전문 분야인 부동산 관련 업무를 돕기 위해 중개법인 '모두의 부동산'이 탄생했다. 모두의 부동산은 개인과 사업자 간 부동산 거래는 물론이고 사회적경제 단체가 지역 자산화를 추진하는 데 도움을 주는 법무상담소가 되어주고 있으며 주거 취약계층까지 영역을 넓혀 부동산 관련 상담을 도와주고 있다. '공유공간 나눔'은 원래 목욕탕이었던 건물을 매입해 현재 사회적 기업, 협동조합 등 층별로 광진사회적경제네트워크 회원사가 입주해 있다. '공유공간 돌봄'은 돌봄 특화시설을 구축해 지역사회 주민들 대상으로 맞춤형 돌봄 서비스를 제공하는 공간이다. 공유공간 돌봄 인근에 있는 '라운G'는 인천공항공사 CSR 활동의 일환으로 조성된 신중년 일자리 창출 카페이자 지역사회 커뮤니티 공간이다.

지역 자산화를 안성에 적용하기 위해서는 기금 마련을 위한 행정적 지원이 필수 요소고 이를 추진할 수 있는 안성시 산하 독립 법인 필요성이 제기되고 있다. 의, 식, 주 중에서도 가장 중요한 '공간' 해결에 대한 논의 필요성이 있었다. 광진구 사례에서도 알 수 있듯이 지역 자산화의 공통점은 공간 확보였다. 모든 프로그램과 강의, 지원 제도가 마련되어도 허허벌판에서 활동할 수 없는 노릇이다. 따라서 안성시만의 지역 자산화 첫걸음으로 안정적인 활동 기반을 마련

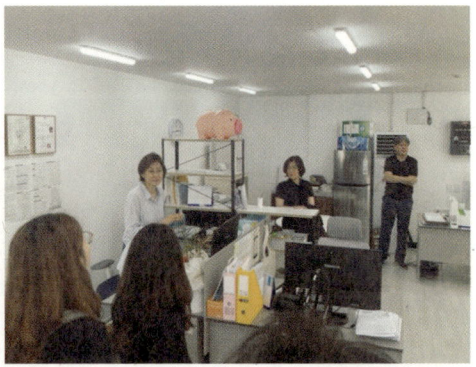

▪광진사회적경제네트워크 회원사는 원래 목욕탕이었던 건물을 매입해 만든
'공유공간 나눔'에 입주해 있다.

하기로 했다.

그 조직이 바로 안성시 시민활동통합지원단이다. 시민활동통합
지원단은 마을공동체지원센터, 도시재생지원센터, 사회적경제지
원센터, 도농교류지원센터 등으로 이뤄진 중간지원조직을 통합 운
영하는 곳이다. 시민 활동을 행정·재정적으로 지원하며 민관협력과
거버넌스 구축으로 시민들의 다양한 목소리를 정책에 반영할 수 있
도록 한다. 또 시민활동통합지원단에서는 공익활동지원센터와 가
치공도라는 공유공간을 확보해 시민 누구나 회의, 교육, 소모임 등
다양한 목적으로 이용할 수 있도록 제공하고 있다. 공익활동지원센
터 건물의 경우 다양한 단체들이 입주해 있으며 단체 간 협업을 통
해 새로운 사회적경제 활동들이 탄생하기도 한다.

현재 안성시는 취약 계층에게 일자리를 제공하고, 비즈니스 모델

• 안성시 공익활동지원센터

• 시민 요가 원데이 클래스가 운영되고 있는 가치공도

을 통해 지역 문제를 해결하는 100여 개의 사회적 기업, 마을기업, 협동조합 등이 활발히 운영 중이다. 사회적 기업 제품과 서비스를 이용하는 것만으로도 취약계층에게 양질의 일자리와 다양한 교육, 의료, 복지 서비스를 제공할 수 있다.

사회적경제를 실현할 수 있는 방안으로 먼저 지역우선구매나 공공구매 방식이 있다. 안성시는 여성과 장애인기업, 사회적경제 기업을 우선적으로 구매하며 사회적 약자의 성장을 지원하는 중이다. 지난해 사회적경제 공공구매 매칭데이를 개최해 지역 내 사회적경제 기업 제품을 소개하고 구매를 촉진하는 자리를 마련하기도 했다. 6개 기관과 사회적경제 기업이 한자리에 모여 우선구매 활성화를 위한 협약을 체결하고, 상생의 시작을 알렸다는 점에서 새로운 시도였다.

안성시 청년 1인가구 비율은 경기도와 전국 평균을 웃돌지만 공공임대주택 재고 비율은 4.9%로 경기도와 전국 평균에 현저히 떨어진다. 공공임대주택 경쟁률 또한 10.6:1로 청년들 거주 문제가 불안정한 실정이다. 시에서 청년들을 대상으로 진행한 설문조사에서도 부족한 문화시설에 대한 불만이 주거환경 만족도를 낮춘다는 결과를 보였다.

안정적인 활동을 위한 공간 마련과 청년층의 욕구, 두 가지 갈증의 교집합을 해소하기 위해 아양 택지개발지구에 새롭게 들어서는 지상 9층, 지하 2층 규모의 청년 특화형 임대주택 '청년문화주택'은 청년 1인가구를 대상으로 맞춤형 주거 서비스를 제공하고 청년들의 활동 저변을 확대할 예정이다. 아양동은 청년층이 선호하는 지역이자 학교, 마트, 병원, 공원 등 인프라가 조성되어 있어 주택이 들어서기 알맞은 부지다. 또 청년문화주택은 청년 주거공간과 더불어 전시회, 플리마켓 등 문화예술인 전시 문화공간, 창업 희망자를 위한 창업공간 등이 함께 들어서 청년들의 활동을 지원하고 커뮤니티 활성화 공간으로서의 역할을 톡톡히 해낼 것이다.

2024년 11월에는 안성시 사회주택 활성화 지원 등에 관한 조례 제정안이 시의회에서 원안 가결되어 안정적인 주거생활을 영위할 수 있는 제도적 장치도 마련됐다. 청년문화주택을 중심으로 기존에 여러 사업에 흩어져 있던 관련 지원 프로그램과 제도, 혜택, 사업들이 모이고, 새롭게 프로그램을 발굴해 안정적이고 튼튼한 활동 기반을 마련하는 것. 안성형 지역 자산화의 신호탄이 될 것이다.

안성시는 지역 사회 활동가들이 공유공간을 구축하고 활동하기 위한 지역 자산화 지원 방안을 적극적으로 검토 중이다. 안성중앙시장 2층, 몇 년 전까지 목욕탕으로 운영되고 있던 빈 점포에서 '안성, 방방곡곡' 전시회가 열렸다. 전시회는 한경국립대 건축학 전공생들이 한 해 동안 안성 지역 발전을 위한 건축 제안을 모아 시민에게 소개하기 위해 2020년부터 시작됐다. 이번 전시회는 시정 활성

• 사회적경제 매칭데이

▪ 안성방방곡곡 전시회

▪ 아침간편식 제공 시범 사업

화를 위한 전시회를 시장 내 유휴공간에서 개최한 것이다.

동국대일산병원 등 공동연구팀에 따르면 중학생 아침 결식률은 37%, 고등학생 아침 결식률은 41%에 달한다. 중고등학생 2~3명 중 1명꼴로 아침을 거르는 셈이다. 청소년 아침 결식 원인으로 고된 학업으로 인해 '밥보다 잠'을 선택하는 학생들이 많고, 불규칙한 생활습관이나 맵고 달고 짠 자극적인 음식을 선호하는 식습관 변화 등을 꼽을 수 있다. 가정에 '아침을 챙겨달라'라고 말할 수도 없는 노릇, 2024년 안성시 사회적경제 기업들이 협력해 청소년 아침 결식 문제를 해결하는 프로젝트를 시작했다. 바로 학생 아침간식 시범사업이다. 서운중학교, 안성여자고등학교, 두원공업고등학교의 중고등학생 1,200명을 대상으로 지역 농산물을 활용한 빵, 밥스틱, 떡, 과채음료 등 간편식을 제공했다. 시범 사업 기간 동안 참여 학생들을 대상으로 제품 선호도 조사를 시행했으며, 조사 결과를 바탕으로 제공 간편식 종류를 정하고 참여 학교를 확대할 예정이다.

2022년 시작한 어린이집 식판세척사업은 관내 어린이집 원아의 식판을 수거해 세척과 소독 후 진공 포장하여 어린이집으로 배송하는 서비스다. 식판세척사업은 관내 사회적경제 기업만 참여하게 하여 일자리 창출 효과도 나타났다.

안성시는 행정안전부의 공모사업인 지역 자원순환 시스템 구축 사업에 선정된 후 지역 특성에 맞는 '안성형 자원순환 시스템'을 만

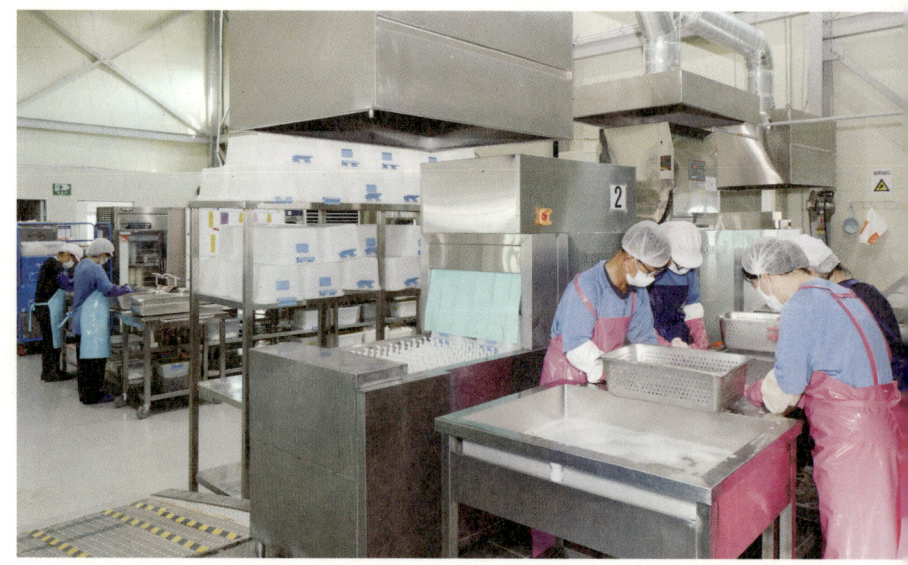

• 어린이집 식판 세척 사업

• 커피찌꺼기 재활용 사업장 오픈

들고 있다. 대표적인 예가 커피박(원두 찌꺼기)을 친환경 탄소중립 비료 재료로 만드는 바이오차(Biochar) 생산공장이다. 바이오차 생산공장은 사회적기업의 커피박 활용 혁신 기술, NH투자증권의 20억 규모 투자, 안성시의 행정이 결합해 탄생한 결과물이다. 관내 카페에서 발생한 커피박 수거에 필요한 인력은 안성맞춤시니어클럽의 어르신 일자리 사업과 연계해 충당한다.

지역 생존의
근본을 재건하다 ①

상주시 ─ 스마트팜 혁신밸리

2018년 농림축산식품부는 사물인터넷(IoT)과 빅데이터, 인공지능 등 최첨단 기술을 활용한 대규모 스마트팜 혁신밸리 공모 사업에 따라 상주, 김제, 밀양, 고흥 등 전국 4개 지역에 스마트팜 혁신밸리를 조성해 운영하고 있다. 초여름 날씨를 보이는 5월 19일, 상주로 향했다. 아직 숫자로는 5월이었지만 완연한 봄기운을 만끽할 새도 없이 반소매를 입고도 미지근하게 땀이 났다. 들쑥날쑥한 날씨는 시작된 이상기후의 방증이었다. 이러한 환경 변화와 점점 높아지는 농업 인구 연령의 대안으로 시간과 공간 제약 없이 최첨단 농법을 적용해 편리하게 농업을 영위할 수 있는 스마트팜 필수 시대가 도래했음을 여실히 느꼈다.

• 상주 스마트팜 혁신밸리

상주는 2018년 농림축산식품부 공모사업인 스마트팜 혁신밸리 대상지로 선정된 후 2019년 본격적으로 조성을 시작해 2022년 준공했다. 축구장 약 740개 크기, 42만㎡가 넘는 드넓은 부지에 청년 창업보육센터, 임대형 스마트팜, 실증온실, 청년농촌보금자리, 지원센터 등이 들어섰다. 사실 마지막까지 4개 지역 중 상주와 가장 먼저 문을 열어 운영하고 있던 김제를 놓고 고민했다. 타 시군과 상주 스마트팜 혁신밸리의 차별점은 귀농귀촌 희망 청년을 위해 임대주택을 지원하는 청년농촌보금자리와 기존 농업인들을 위한 스마트

팜 구축에 있었다. 보다 많은 사례들을 직접 보고 안성에 맞는 안성형 스마트팜을 구축하고 싶었다.

청년 창업보육센터에서는 미래 청년농업인들이 20개월 동안 경영관리, 시설관리, 품목별 재배관리 등 기초부터 실습까지 체계적인 재배교육을 받을 수 있다. 교육을 수료한 청년 농업인들은 혁신밸리 내 스마트팜 온실을 3년 동안 임대받아 농산물을 생산하고 판매할 수 있다. 또 이 기간 동안 온실 시설비와 임대료, 그리고 주택임대를 지원받아 청년농업인으로 정착하게 된다. 데이터 기반으로 운영하는 스마트팜 특성에 맞춰 혁신밸리 온실의 생육, 환경 데이터를 수집해 맞춤형 서비스를 제공할 수 있는 빅데이터센터도 운영하고 있다. 스마트팜 혁신밸리의 타깃은 정확했다. 상주 스마트팜 혁신밸리 목적은 청년 전문 농업인을 육성해 미래 농업 경쟁력을 강화하는 데 있었다.

정부 국정과제이자 민선8기 공약사업 중 하나인 스마트팜 선도지역 육성 사업은 시비 40억 원이 투입될 예정이다. 스마트팜 선도지역 육성 사업에는 창업 예정 청년농업인을 위한 임대형 스마트팜 조성, 임대형 스마트팜 저장유통시설 조성, 스마트팜 통합관제시스템 개발 및 기반 조성 등의 내용이 포함된다. 농가형 절충형 스마트팜 온실 시공 시 ha당 약 6억 원이 소요되는 반면 혁신밸리의 스마트팜을 온실 시공할 경우 ha당 약 50억 원이 소요된다.

상주 스마트팜 혁신밸리는 청년들이 농업에 쉽게 도전할 수 있는 기회를 제공하고 미래 농업을 위한 다양한 경험을 할 수 있는 곳인 만큼 두말할 것 없이 농업에 최적화된 공간을 갖추고 있다. 그러나 교육생들을 위한 7,000여 평의 전면 유리온실과 같은 시설을 지으려면 막대한 비용이 투입된다. 안성시는 '안성'맞춤 보급형 스마트팜을 계획했다. 기존 농업인은 물론, 새롭게 농업을 시작하는 청년들이 유리온실과 같은 시설을 갖추기에는 어려움이 있기 때문이다.

현실을 고려했을 때 청년농이 실제 창업할 경우 절충형 기준으로 투자금 회수 기간을 3년으로 단축시키는 것이 목표였다. 스마트팜 혁신밸리 조성을 위해 시설에 투입되는 막대한 투자금액은 농민뿐만 아니라 시 재정에 큰 부담감을 안길 터. 안성에 맞는 스마트팜을 조성하기 위해 실제 청년 및 창업농업인이 할 수 있는 현장형 스마트팜 형태로 추진, 확대 보급하기로 결정했다.

당연히 내 사업 하는 곳에 동일한 사업체가 들어오면 경계를 하기 마련이다. 상주에서도 처음 스마트팜 혁신밸리를 조성할 때 일부 농업인의 우려가 있었다. 스마트팜 혁신밸리가 들어서면 생산량 과다로 인해 가격이 하락하고, 낮은 단가로 농산물이 판매되는 것 아니냐는 주장이었다. 스마트팜은 생산량 과다에 중점을 둔 사업이 아니라 균일한 양을 생산하고, 유통구조를 개선하는 것이다. 그리고 실재배보다 영농창업 기틀을 닦고 연구개발의 목적이 있다. 우려가 무색하게도 전국 혁신밸리 청년 농업인들이 상주시로 유입돼 정착하는 모습을 보이며 성공적인 사례를 낳았다.

안성은 대한민국 중부내륙 중심으로서 스마트 농업의 확산 역할을 수행하고 지속가능한 농업을 위해 농민들과의 상생을 꿈꾼다. 현재 안성에는 35개 농가(2023년 기준)가 스마트팜을 운영하고 있다. 내외부 환경을 측정해 시설물을 개폐하는 등 단순하게 원격제어하는 1세대 수준이 대부분이다. 정부는 통신기술과 데이터, AI 기술을 활용한 생육모델을 농업에 적용하는 스마트팜 2세대까지 끌어올리는 것을 목표로 하고 있다. 2세대, 그리고 3세대까지 스마트팜 기술이 진화하고 있는 상황에서 현재 안성시 수준에서 바로 농업 전 주기를 로봇이 자동관리하는 3세대까지 단숨에 따라잡기에는 무리가 있다. 또 기술에 완벽하게 의지하는 무인 스마트팜 자동제어는 막대한 투자금과 고도의 기술력이 요구됐기에 고령농이나 농업이 익숙하지 않은 신규농이 운영하기에는 버겁겠다는 생각이 들었다. 스마트팜이 안성에 스며들려면 이론과 실습이 선행되어야 한다. 안성시는 스마트팜을 활용하는 농업인 역량 강화 자체교육과 현장컨설팅부터 시작해 농업 대전환을 시도하고 있다.

농업 대전환은 안성시농업기술센터를 주축으로 움직인다. 농·축산정책 시행과 새로운 영농기술 연구·보급, 전문 농업인 양성, 과학영농시설을 통한 선진 영농기술 지원 등 지속가능한 농업을 위해 다양한 사업과 프로그램을 운영하고 있다. 지난해엔 중소규모 면적을 가진 농업인을 대상으로 스마트 중소농업인 육성 교육을 실시했다. 스마트 중소농업인 육성 교육에는 회계 프로그램 사용법, 재무제표 결산, 손익계산서 작성 등 경영 및 마케팅 관련 기본 과정과 농산물 가공창법 인허가 절차, 생성형 AI를 활용한 농산물 마케팅, 경영현장 컨설팅 등 전문 과정이 있다. 스마트팜 입문과정 교육을 통해서는 이론부터 현장 견학, 시설온실 환경제어를 통한 생산비 절감 기술을 배울 수 있다.

또 안성시 주 재배작물에 맞는 스마트팜 환경을 개발하기 위해 테스트베드를 구축했다. 안성시 오이 재배 농가는 약 250개로 경기도에서 재배 면적이 가장 크며 전국 오이 생산량의 5%를 차지한다. 대

• 안성시 농업기술센터 스마트팜 테스트베드

부분 시설오이 농가는 토경으로 재배하고 있지만 안성시는 안정적인 생산과 품질 유지를 위해 수경재배 도입을 적극적으로 지원하고 있다. 그러나 기존 안성 수경재배 스마트팜은 파프리카, 토마토, 딸기를 중점으로 연구 개발되고 있었다. 안성시는 작목별 영농현장 컨설팅을 실시하고 농촌진흥청 분야별 최고 농업전문가의 재배기술, 병해충, 토양관리 등 핵심 기술을 컨설팅했다. 이에 더해 지난해 농업기술센터는 스마트농업 테스트베드 평가회를 개최하고 수박, 오이, 멜론 등 과채류 재배 농가에서 많은 관심을 보이는 자동 줄 내리기 기술을 선보이기도 했다. 농업기술센터에서는 테스트베드를 통해 스마트팜과 관련된 기술, 교육, 전시 등 분야에서 실패와 성공을 거듭하며 수집한 데이터를 기반으로 기술력을 높이고 있다.

안성시는 스마트팜 ICT 융복합 확산사업에 따라 환풍기와 자동개폐기를 설치한 시설원에 현대화와 다겹보온커튼, 알루미늄 스크린 등을 설치한 에너지절감시설, 그리고 복합환경관리시스템을 구축해 스마트팜 시설을 보급한 농가 등 사업 목적에 부합한 농가들에게 보조금을 지급해 지역 내 스마트팜 시설 보급에 적극적으로 나서고 있다. 고삼면 가유리 약 7,600평에 임대형 온실 및 교육용 온실, 다목적 교육시설 등을 설립하고 안성시 거주 청년농업인, 스마트팜 교육을 수료자를 대상으로 온실을 임대할 예정이다. 임대기간 종료 후 창업자금, 경영 컨설팅을 지원하며 지역 내 정착을 유도한다. 안성시 농업 발전을 이끌어갈 예비 경영인으로 선정, 지원해 후계농 지원사업으로 자연스럽게 이어진다. 이렇게 안성형 스마트팜이 구축되면 청년들에게 어렵게 느껴질 수도 있는 스마트농업 문턱을 한층 더 낮출 수 있고, 고령화, 초기 영농 실패 등 귀농 문제가 해결된다. 매년 13명을 선발, 10년동안 130명의 농업 일자리를 창출할 수 있고 온실 임대기간 동안 로컬푸드나 학교급식에 출하 지원해 지역농산물 소비도 늘리고 청년농들의 소득도 기대해볼 수 있다.

농업기술센터에 있는 농산물가공지원센터는 가공기반을 갖추지 않은 농업인이 초기설비 투자 없이 직접 생산한 농산물을 가공해 판매할 수 있도록 다양한 서비스를 지원한다. 습식장비(22종 25대), 건식장비(25종 25대), 분석장비(7종 7대) 등 가공 장비를 갖추고 있어 1차 생산에서 끝나는 것이 아니라 주스, 잼, 농축액, 환 등 가공식품까지 생산이 가능하다. 원물 유통 과정에 드는 수고로움을 덜어 자연스럽게 생산과 유통, 판매로 이어지는 패러다임을 바꿀 수 있도록 했다. 안성시 농업은 생명과 산업이 공존하는 미래지향 농업으로 도약하고 있다.

지역 생존의
근본을 재건하다 ②

안성시 — 더기반

매번 관외로 나섰던 혁신투어의 발걸음은 2024년 봄 처음으로 안성시 관내로 향했다. 농업의 반도체라고 불리는 종자 연구개발을 통해 지속가능한 먹거리 산업으로 미래를 준비하는 기업 더기반(THE KIBAN)을 찾았다. 노루그룹의 농생명 계열사 더기반은 토마토, 고추, 양배추, 멜론, 오이, 양파 등 주요 작물의 육종을 연구하고 생명공학기술로 육종 기간의 단축과 내병계 품종을 육성해 안전한 고품질의 우량 종자를 육성 개발하고 있다. 매년 약 50억 원 이상의 공격적인 R&D 비용을 투입하고 철저한 품질 관리 시스템을 통해 매년 수출 신기록을 갱신 중이다. 2015년 설립 이후 2023년 기준 해외 수출액은 500만 불 넘게 기록해 한국무역협회와 농림축산식품부로부터 수출탑 상을 받기도 했다.

국산 품종 재배 비율이 96%에 달하는 쌀을 제외하고 일반 채소나 사료 작물의 경우 수입 종자 의존도가 높은 편이다. 토마토 국내 육성 품종 점유율은 약 52%, 양파는 35%, 마늘은 20% 정도에 그친다. 세계 종자시장에서 한국이 차지하는 비율은 최근 5년간 2%를 넘지 못하고 있다. 수입 종자 의존은 국내 종자 산업 수출 경쟁력 약화와 국내 농산물 생산량 감소로 이어질 수 있다. 농가 경영 안정성이 떨어지고 국내 농업 생산 기반이 약해지는 것은 당연한 수순이다.

농자천하지대본(農者天下之大本), 농업은 백년대계를 넘어 미래를 책임지는 핵심 산업이다. 기후 변화, 인구 증가, 더 나아가 식량 안보 문제 등 세계가 직면한 문제의 해법 중 하나다. 우수한 품종 개발은 농업 생산성을 높이는 데 직접적인 영향을 미치고 고부가가치를 창출할 수 있다. 안정적인 미래 먹거리 소비가 이뤄질 수 있도록 더기반과 협업을 논의했다. 맞춤형 품종 연구개발과 청년 농업인과 연계 사업을 통해 일자리를 확충하는 등 종자 중요성을 강조하며 안정적인 미래 먹거리 소비를 위해 다양한 의견 개진이 이뤄졌다.

▪ 지속가능한 먹거리 산업으로 미래를 준비하는 기업 더기반

지역 생존의
근본을 재건하다 ③

대전광역시 — 파머스161

충청남도, 논산시, 대전MBC 농업회사법인 FNC플러스가 공동 건립한 민관합작 로컬푸드 직매장 '파머스161'은 지상 4층 규모로 운영되고 있다. 지자체와 방송국이 협력한 성공적인 사업 모델은 흔치 않았기에 흥미로웠다. 대전MBC는 지난해 창사 60주년을 맞아 지역에서 받은 성원을 로컬푸드 사업과 CSR 활동으로 환원하고 지속 가능한 경영을 구현하겠다는 포부를 밝힌 바 있다. 실제로 파머스 161 1호점은 대전MBC 바로 옆에 위치해 있으며 그동안 특집 생방송 〈충청남도 로컬푸드 데이〉를 진행해 홍보·마케팅 창구로 활용하는 모습을 보여주었고, 사옥 9층에 충남 지역 로컬푸드를 활용한 식당 '오래된 부엌'을 운영하는 등 지역 상생의 강한 의지를 보였다.

직거래 장터 증가, 농산물 꾸러미 구독 서비스, 모바일 구매 등 새

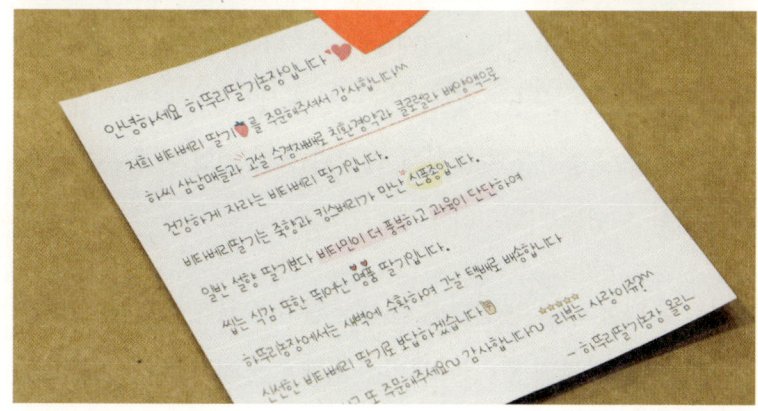

• 대전 파머스161

로운 유통 방식이 등장하며 생산만큼이나 효율적인 유통과 혁신적인 판매 방식은 농업 경쟁력 확보를 위한 중요한 요소가 됐다. 파머스161 1층 농산물 직거래 매장은 지역경제 활성화 목적에 따라 1차로 논산시, 2차로 충남 농산물을 우선 공급받는다. 그 외 납품이 어려운 농산물 품목에 한해 다른 지역과 별도 계약을 통해 납품받고 있다. 소비자 구매 현황을 데이터화 해 요일별·월별 납품 수량과 가격 등을 사전 조율하고 회송율을 낮췄다. 납품 가격은 100% 판매 농가가 결정하는 시스템으로 실제로 농민들이 받는 혜택을 높였다. 2층과 3층은 지역 농산물을 사용하는 레스토랑 및 카페, 4층은 다목적 공간으로 활용되며 생산, 유통, 판매까지 원스톱으로 가능한 시설을 구축했다. 또 명절 당일을 제외한 매일 오전 9시부터 오후 9시까지 영업해 시민들이 시간이나 요일에 구애받지 않고 로컬푸드를 구매할 수 있다는 장점도 있다. 파머스161은 지역 주민의 호응에 2019년 1호점에 이어 2022년 2호점을 개점했다. 파머스161은 기존 안성 로컬푸드 직매장 및 직거래장터와는 다른 개념의 공간이지만 로컬푸드라는 큰 분야 안에서 조직 구성과 실시간 응답형 애플리케이션을 활용한 농산물 수급체계, 매장관리 등 농업 연계 운영 방식을 경험할 수 있는 기회였다.

어느덧 개장 13년 차를 맞은 안성 농업인 직거래 장터는 매일 새벽 5시부터 8시까지 열리는 '새벽시장'과 공도에서 열리는 '주말장터', 금요일 진사리에서 열리는 '금요장터'가 있다. 지난해 안성시 로

컬푸드 매출액은 100억 원을 초과 달성했다. 직거래장터는 중소농, 고령농, 귀농인들의 주 판매처인 만큼 대덕농협과 안성마춤농협을 통해 적극적으로 홍보하고 있다. 또 소비자들이 신선한 농산물을 구매할 수 있도록 로컬푸드 직매장 6곳과 직거래 장터 3곳에 모니터링 요원을 배치해 품질을 관리하는 중이다. 다른 지자체의 로컬푸드 직매장 선진지 방문을 통해 농산물 진열 방법, 판매 방식, 가공실 등의 방식을 보고 배우며 안성시 적용 방안을 고민하기도 한다. 서운면에 설립하는 안성먹거리통합지원센터는 지역 농가에서 생산한 농산물을 어린이집, 경로당, 사회복지시설, 기업 등에 공급하는 시설이다. 지역에서 생산된 농산물을 지역에서 소비하는 먹거리 선순환 체계를 구축해 농업인의 안정적인 판로 확보와 고용 창출 효과를 기대하고 있다.

안성은 생산지다. 익히 잘 알고 있는 5대 특산물 외에도 오이, 콩나물, 블루베리, 대추, 아스파라거스 등 안성 농업인들은 생각보다 훨씬 다양한 작물을 지역 곳곳에서 재배 중이다. 안성시는 안성 로컬푸드를 활용해 안성시민들의 먹거리를 책임지는 것은 물론, 인근 대도시에도 건강한 먹거리를 제공하는 것을 목표로 삼는다.

얼마 전 제주도에 방문했다던 지인이 마트에서 찍은 방울토마토 사진 하나를 보내왔다. 생산지에 안성시 공도읍이라고 적혀 있는 포장을 보고 안성 로컬푸드의 전국 판로 확대가 차근차근 실현되고 있음을 느꼈다. 안성 지역 생산 농산물의 경우, 지역 내 판매에서 인근 대도시로 소비처를 확대하려고 한다. 현재 김포, 수원, 이천시 로컬푸드 매장에서 안성 지역 농산물을 만나볼 수 있으며 이후 지역 내 농가, 작목반, 법인 등과 함께 수출 주력 품목 판로를 넓혀갈 예정이다.

뿌리 깊은 시장,
미래를 여는 공장 ①

예산군 ― 예산시장

예산의 또 다른 관광지, 예산시장은 인구 감소로 인한 지방 소멸 문제에 꾸준히 관심을 가져왔던 외식업체 대표가 자신의 고향인 예산군과 지역경제 활성화를 위한 협약을 체결하고, 예산 전통시장을 중심으로 구도심 지역상생 프로젝트를 추진한 결과다. 예산시장은 전국 최초로 민관이 협업해 외식창업기교육기관을 설립하고, 교육부터 창업까지 지원하는 원스톱 시스템을 구축해 체계적인 외식 전문 사업가를 육성하고 있다. 예산 전통시장은 2023년 4월 리뉴얼을 마친 후 당해 12월까지 약 300만 명이 방문하며 대형 마트, SSM 등의 등장으로 쇠락하는 전통시장의 부흥을 이끌어냈다. 이듬해 예산시장에서 전통주 축제를 열고 사과, 꽈리고추 등 예산의 특산물을 활용한 먹거리를 개발하는 등 꾸준히 지역 경제 활성화에 참여하고 있어 이에 따른 지역 농가의 수익률 증가도 예상된다.

▪ 예산시장

안성의 경우 인물이나 기업에 편승하지 않아도 자력으로 전통시장의 부흥을 이끌 수 있는 지역 고유 특색이 담긴 셀링 포인트를 발굴해야 한다. '아무리 시설 개선을 해도 젊은 층 인구 유입 없이는 안 된다'라는 예산시장 상인회장님 말씀이 떠오른다. 전통시장 활성화 키포인트는 시설 개선이 아니라 사람이라는 뜻이다. 기존 상인과 젊은 상인들이 함께 성장할 수 있도록 청년층 구미를 끌 수 있는 매력 있는 유인책이 필요하다. 안성에는 시내권의 안성중앙시장과 안성맞춤시장이 있으며 동부권에 죽산, 일죽시장이 전통시장의 맥을 이어가고 있다. 2021년 스타필드가 안성에 들어서며 지역상생 사업의 일환으로 안성맞춤시장 F&B 강화 프로젝트를 진행했었다. 9개 점포가 창업 교육, 인테리어 등을 지원받으며 자생력을 갖추어 나갔다. 특히 음식점 레시피 개발에는 최현석, 유현수, 신동민 등 스타 셰프가 참여해 쿠킹클래스와 컨설팅을 진행했으며 젊은 층의 해당 점포는 전통시장 내에서도 젊은 세대들이 즐겨 찾는 인기 가게로 자리 잡았다.

전통시장은 위생적이지 않다거나 환경이 열악하다는 생각을 개선하기 위해 안성시는 다방면으로 노력을 거듭해오고 있다. 안성중앙시장과 안성맞춤시장에는 배리어프리 키오스크가 설치됐다. 장벽(Barrier)을 없애다(Free)라는 뜻의 배리어프리는 장애인, 고령층 등 사회적 약자들이 사회생활을 하는 데 물리적이거나 심리적인 장애물을 없앤다는 뜻이다. 이 키오스크에는 높이 자동 조절 기능과

수화, 점자, 음성, 다국어 서비스가 제공되며 전통시장 지도와 길 안내, 매장 위치 등을 안내한다. 이에 더해 키오스크가 설치된 고객 쉼터에 자동문을 설치하고 화장실을 리모델링하는 등 일반 시민의 편의성까지 높였다. 또 중앙시장에는 증발냉방장치를 설치해 여름철 시원한 환경을 유지해 이용객들의 편의를 도모했다. 한층 정돈된 전통시장에는 지난 9월 안성세계소프트테니스 선수권대회에 참여했던 선수와 관광객 등 1천여 명이 방문하기도 했다.

대형 마트도 e커머스와의 경쟁에서 지는 시대에 전통시장은 생필품 판매만으로 시장에서 살아남기 어렵다. 전통시장은 온라인에서 할 수 없는 경험과 체험이 연결된 판매로 승부를 봐야 한다. 이를 위해 업종 변경이라는 선택을 할 수 있는 추진력이 필요하기도 하고, 창조적인 시야를 가진 상인의 인풋도 필요하다. 시에서는 전통시장 부흥과 성장을 지원하기 위해 다방면의 정책을 꾀한다.

죽산은 죽주산성, 칠장사, 죽산향교, 순교성지, 영창대군묘, 서일농원 등 다양한 문화관광자원들이 있는 반면 죽산시장은 시장 규모가 협소하고 상권이 쇠퇴하며 침체 상황에 놓여 있다. 강력한 모객 아이템이 부족한 죽산시장과 문화관광자원의 연계로 콘텐츠를 개발해 시너지 창출이 필요하다. 본격적인 사업 활성화를 위해 체계적인 상인회가 구성될 예정이다. 죽산시장은 상인회를 바탕으로 지역주민과 여행객들이 함께 로컬의 음식과 콘텐츠 경험을 공유하는 지역 대표 특화시장으로 거듭나기 위한 준비를 하고 있다.

▪ 전통시장 밤마실

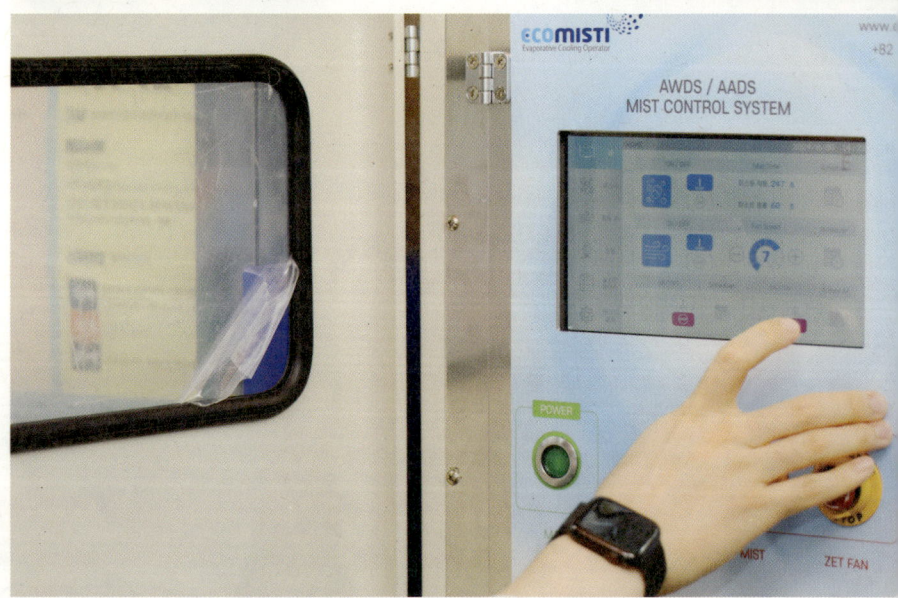

▪ 중앙시장 증발냉방장치

안성중앙시장과 일죽시장이 중소벤처기업부 주관 '전통시장 특성화사업' 문화관광형시장 부문 공모에 선정되며 2025년과 2026년에 걸쳐 한 해 최대 10억 원씩 지원받게 됐다. 문화관광형시장 육성사업은 지역 문화와 관광자원을 연계해 시장 고유의 특장점을 집중 육성하는 상인 프로젝트 지원이다. 중앙시장과 일죽시장은 사업비를 지원받아 지역 특징과 연계한 시장 투어 코스 개발, 관광 콘텐츠 육성, 지역특산물 개발 등 지속가능한 경제를 위해 인구 유입을 위한 다양한 사업을 선보일 예정이다.

• 전통시장 일죽구이장터

뿌리 깊은 시장,
미래를 여는 공장 ②

이천시 ─ 팩토리 투어

이천 모가면에 위치한 시몬스 테라스 팩토리는 공장과 박물관, 카페를 결합한 복합문화공간으로 방문객들이 장벽 없이 문화 체험을 통해 기업 철학과 스토리를 느낄 수 있도록 구성해 성공적인 공장 견학(팩토리 투어)의 대표적인 사례로 자리 잡았다. 방문 당시 팬데믹으로 생산시설 출입 통제 중이라 접근할 수 있는 곳은 제한적이었다. 침대 역사 박물관 '헤리티지 앨리', 체험존 '매트리스 랩', 시몬스 전 제품을 볼 수 있는 '테라스 스토어', 식료품 편집숍인 '퍼블릭마켓' 등은 관람부터 체험까지 잘 구성한 동선을 느낄 수 있었다. 또 연말이면 초대형 트리, 일루미네이션 설치로 MZ세대에게 '인증샷 성지'로 큰 관심을 불러일으키며 문을 연 지 4년 만에 누적 방문객 수 60만 명을 돌파했다.

과거 산업은 하나의 시설에서 한 가지 기능만 할 수 있다면 미래 산업은 하나의 시설에서 다양한 기능을 수행한다. 공장은 그저 제품을 생산하는 곳에서 놀러 갈 수 있는 관광지로서의 역할로 확장 가능성이 있는 것이다. 이것이 바로 미래 안성 산업 육성 방법의 대안이다.

안성 공단에 위치한 농심 안성공장은 안성시와 농심과의 관계를 잘 보여준다. 1970년, 농심은 소고기 라면을 출시했다. 소고기 라면은 당시 일본 기업과 기술 제휴로 인해 닭고기 육수가 우세했던 시

▪ 안성맞춤박물관 특별전

장 판세를 뒤집고 국내 라면시장의 국물 트렌드를 바꾸었다. 트렌드에 맞춰 시장에 등장한 소고기 국물 베이스의 안성탕면 역시 지금까지도 많은 소비자들에게 사랑을 받고 있다. 안성탕면 이름은 안성의 지명에서 따 왔고, 라면 스프를 담당하고 있는 농심 안성공장에서는 과거 안성장의 국밥 맛을 재현하기 위해 소뼈와 고기를 우려낸 깊은 국물 맛의 안성탕면 스프를 개발했다. 출시 초기에는 안성 한우를 납품받아 수프 가공 재료로 사용하기도 했다.

농심 안성공장은 안성탕면 출시 40주년 맞이 '순하군 안성탕면'을 출시하며 안성맞춤박물관에서 특별 전시회를 진행했으며, 연말이면 성금 및 라면, 어르신 보조 보행기 등 나눔을 실천하며 지역사회와 결속을 맺고 있다. 수년간 지역 내외 학교에서 견학을 신청할 정도로 공장 투어 프로그램도 잘 되어 있다. 공장 견학을 넘어서 라면 축제, 시민이 참여하는 라면 레시피 개발, 라면 거리 조성 등을 상상해보며 안성시와 지속적인 유대관계 및 협조를 통해 이천의 시몬스 테라스 같은 성장을 기대해본다.

생각을 바꾸고
가능성을 찾다 ①

김천시, 제천시 — 스포츠마케팅

제17회 안성세계소프트테니스선수권대회 개최를 앞두고 세부적인 계획을 수립하기 전 그야말로 벤치마킹 할 곳이 필요했다. 김천시는 전국체전, 전국소년체전, 전국장애인체전 등 전국 단위 스포츠대회 개최 경험을 보유하고 있다. 김천의 대표적인 종합체육시설인 김천 종합스포츠타운은 주경기장, 보조경기장, 실내체육관, 실내수영장, 테니스장, 실내사격장, 국궁장, 국민체육센터, 다이빙지상훈련장 등으로 구성되어 있으며 타운 내에는 문화예술회관이 있어 복합스포츠시설로서의 면모를 보여주고 있다. 이에 더해 김천숙박협회의 자체적인 노력으로 숙박시설 가격이 저렴하게 형성됐다. KTX와 경부선이 인접한 지리적 이점 등이 더해진 김천은 매년 크고 작은 경기들이 열리는 전국 대표 스포츠 특화도시로 거듭났다. 전국 스포츠 종목 분포, 인지도 등을 분석해 저비용으로 고효율 효과를 내는 수

• 김천종합스포츠타운은 실내체육관, 주경기장 등을 갖추고 전국 단위 스포츠대회를 개최한다.

• 제천은 스포츠마케팅에 집중, 많은 대회를 개최한다.

영과 테니스 종목 관련 시설을 집중적으로 지원하며 선택과 집중의 스포츠마케팅을 보여주고 있다. 김천을 연고지로 두고 있는 김천상무(축구)와 한국도로공사(배구) 등 프로 스포츠팀도 있는 만큼 K리그와 V리그를 통해 다양한 부가가치를 창출할 수 있도록 관련 분야를 육성할 계획이다. 김천종합스포츠타운 인근에는 제2스포츠타운,

(장애인 전용)국민체육센터, 복합운동장 등을 공격적인 투자로 추가 조성해 스포츠 인프라를 확장한다.

내수경제 규모가 적은 지역 중소도시의 경우, 외부에서 소비자를 끌고 와야 하는데 제천은 이 매개로 스포츠대회를 선택한 경우다. 침체된 지역경제를 활성화시키고 인구 감소의 대응 방안으로 스포츠마케팅에 주력하고 있다. 제천은 권역별 클러스터를 조성하고 육상, 체조 등 비인기 종목을 육성화하는 등 체육에 대한 진심 어린 애정을 보여주고 있다. 가족 단위 동반객이 많은 유소년대회 집중 유치에 따라 노후 숙박업소 시설 개선 지원사업 추진 등으로 지역경제 활성화와 시 이미지 제고에도 기여했다. 제천은 2023년 기준 대회 80개 개최, 선수단 35만 명 유치, 경제효과 857억 원 창출의 효과를 낳았다.

결론부터 말하자면 스포츠마케팅에 안성시가 본격적으로 뛰어들기에는 해결해야 하는 과제들이 많다. 안성에서 스포츠마케팅을 제대로 추진하려면 우선 모든 시설을 재정비해야 한다. 제천과 김천의 스포츠마케팅 특징은 경기장이 모여 있다는 것이다. 안성은 그동안 시민 접근성을 우선해서 경기장을 만들다 보니 경기장이 여기저기 흩어져 있고, 전문적으로 특화 종목 혹은 선수를 육성하기에 알맞은 규격의 경기장이 있는 것도 아니다.

안성시 체육 발전에 대한 관점을 분명히 해야 한다. 제천과 김천

▪ 안성에서 개최되었던 세계소프트테니스선수권대회

처럼 산업화하여 전문적으로 인재를 육성하고 시설을 조성할 것인지, 시민 생활 체육 진흥을 위한 계획을 세울 것인지 노선을 정해야 했다. 지금은 예산을 들여 큰 시설을 짓지 않아도 존재하고 있는 시설을 활용해 대회를 개최하는 것에 만족해야만 한다. 그래서 시민들이 일상생활에서 향유할 수 있는 시설을 정비하는 쪽이 맞겠다고 생각했다. 사업에 투자할 수 있는 예산과 인력은 한정되어 있는데 모든 사업을 최우선으로 둘 수는 없다. 2024 세계소프트테니스선수권대회처럼 이미 갖고 있는 시설과 안성시민의 관심이 높은 분야에서부터 한발 한발 나아가기로 했다.

생각을 바꾸고
가능성을 찾다 ②

대전광역시 — 스튜디오 큐브

대전 스튜디오 큐브는 방송영상콘텐츠산업의 경쟁력 강화와 발전을 지원하기 위해 문화체육관광부와 한국콘텐츠진흥원이 2017년 설립한 공공 제작 인프라다. 국내 최대 규모의 촬영 스튜디오, 야외 오픈 크로마키 촬영장, 수상 스튜디오 등을 구축해 영화/드라마 제작사들이 겪는 장소 섭외 어려움을 해소했다. 한 공간에서 촬영과 관련된 대부분을 해결할 수 있어 촬영 기간이 단축돼 제작비 절감에도 도움된다. 2025년에는 LED벽과 VFX 등을 갖춘 버추얼 스튜디오 준공 예정으로 버추얼 스튜디오가 완공되면 스튜디오 큐브는 일반, 수상, 버추얼까지 다양한 촬영이 가능한 국내 유일 다목적 스튜디오가 된다.

스튜디오 큐브에서는 전 세계에서 인기를 끈 넷플릭스 시리즈

• 스튜디오 큐브

〈오징어 게임〉〈킹덤〉〈지옥〉을 비롯해 드라마 〈지리산〉, 영화 〈82년생 김지영〉 등이 촬영됐다. 전국에 보편적으로 많이 설치된 중소 창고형 촬영 스튜디오와 비교해 차별화된 공공형 최대 규모의 촬영 스튜디오를 보며 한국 방송영상콘텐츠산업의 수준과 K-콘텐츠의 위상, 한류 확산 현장을 직접 체감할 수 있었다.

안성은 생각보다 많은 영화, 드라마 관계자들이 찾곤 한다. 넓은 지역 곳곳에 있는 촬영 스튜디오나 석남사, 팜랜드, 안성맞춤랜드, 미리내성지 등 풍경이 아름다운 명소들이 있고 수도권에 위치한 지리적 장점 덕에 선호도 높은 촬영지다. 그중에서도 국내 유일 방송예술 특성화대학 동아방송예술대학 안에는 1,824㎡, 지하 1층, 지상 5층 규모의 DIMA종합촬영소가 있다. 〈무빙〉〈정년이〉〈범죄도시〉〈기생충〉 등 일일이 열거하기에도 벅찬 콘텐츠들이 이곳에서 제작됐다.

시민 누구나 콘텐츠 제작에 거리낌 없이 입문할 수 있도록 설립한 안성미디어센터는 동아방송예술대학교 산학협력단에 위탁 운영 중이다. 초보부터 전문가에 이르는 수준별, 대상별 맞춤 미디어교육과 콘텐츠 제작에 필요한 시설과 장비 지원, 시민 활동가 혹은 강사를 발굴하고 미디어 관련 커뮤니티 지원 등을 수행한다. 안성미디어센터는 시민들이 빠르게 변화하는 미디어 환경에 적응할 수 있도록 도움을 주는 미디어교육 거점 역할로서 자리매김하고 있

• 안성미디어센터

다. 이처럼 지자체 입장에서 지역 방송영상 관련 기관과 연계해 꾸준히 성장하고 있는 콘텐츠 산업 분야에서의 경쟁력 확보가 더욱 필요하다.

 안성미디어센터를 비롯해 안성시에서 지원하는 프로그램과 교육

을 통해 콘텐츠 역량을 기른 시민들과 동아방송대 학생들이 함께 안
성시를 비주얼아트 산업의 메카로 만들어가는 미래를 꿈꾼다.

미래를 설계하는
새로운 산업의 서막

세종특별자치시 — 신성장동력사업과 미래모빌리티

세종테크노파크는 세종시 미래가치를 선도하는 지역산업 성장 거점기관이다. 세종시 산업발전 비전과 전략에 부합하는 미래 전략 사업을 발굴하고 관련 기업을 체계적으로 육성한다. 세종시 기업 지원의 허브 기관으로서 단계별 맞춤으로 지원한다. 세종시 미래 신성장 동력은 세 개로 구분된다. 주력 고도화 산업(미래 모빌리티, 디지털 헬스케어), 서비스 ICT 융합 산업(정보보호, 디지털 콘텐츠 산업, 방송·영상·미디어), 미래기술 혁신사업(양자산업)이다. 세종은 2012년 특별자치시 출범 초기, 안성시와 비슷하게 뚜렷한 대표산업이 부족해 자족도시로서의 어려움이 있었다. 산업 발굴과 기업 지원 역할을 수행하는 전담기구 세종테크노파크를 설립해 지역 및 기업의 특성 분석을 통한 마스터플랜 수립을 통해 대표산업을 수립할 수 있었다. 이어 2020년 세종시 미래 먹거리산업 마스터플랜 수립 이후 정부의 정책

• 세종테크노파크

기조와 산업 흐름 변화에 따라 산업 개편이 필요해졌다. 이때 주축이 되어 TF팀을 구성한 곳이 세종시와 (재)세종테크노파크다.

세종테크노파크의 주요 기능은 세종적합형 스마트산업 고도화(세종시 지역산업 발전 전략 및 정책 수립, 세종시 미래 신성장동력 산업 발굴, 혁신거점기능 직접화, 스마트 혁신기업 유치 및 세종 적합형 양질의 일자리 창출, 성장단계별 기업지원시스템 운영, 세종 TP 지원, 세종시 유망기업 50개 발굴 및 맞춤·연계지원), 진단기반 고객맞춤형 현장서비스 강화(현장컨설팅 지원단 및 기술전문가 매칭, 정책연계시스템, 재난재해 현장 점검반 등), 유관기관과 개방형 지역혁신성장 플랫폼 구축 등이다.

세종시는 2019년 '자율주행실증 규제자유특구'로 지정됐으며 4년간 402억 원을 투입해 자율주행 특화도시로 우뚝 섰다. 세종테크노파크는 세종시로부터 예산을 지원받아 자율주행 프로젝트를 담당해, 국내 최초 광역 자율주행버스와 세계 최초 자율주행 수소전기버스를 운행하고 있으며 자율주행 차량을 세종시에 정착시키기 위해 노력 중이다. 더 나아가 세종시는 자율주행산업 활성화를 위해 중소벤처기업부 주관 글로벌 혁신 특구 사업을 준비하고 있다. 규제자유특구가 발전한 개념인 글로벌 혁신지구는 신기술을 활용한 모든 실증이 허용되며 미래기술 분야의 신제품 개발과 해외 진출을 위해 글로벌 스탠다드가 적용되는 구역이다. 세종은 안성이랑 비슷하게 출범 초기 뚜렷한 대표산업이 없는 도시로 시작했지만 계획적인 추진

▪안성시 반도체 소부장 테스트베드 구축

끝에 지금은 미래를 준비한 자율주행 특화도시로 자리 잡았다.

2023년 7월, 안성시가 정부의 반도체 소재·부품·장비 특화단지로 선정돼 지역 발전의 새로운 전환점을 맞이한 지도 2년이 흘렀다. 보개면 동신리 일원 157만㎡ 규모의 동신일반산업단지에는 총

6,747억 원이 투입되어 2027년 착공, 2030년 준공을 목표로 하고 있다. 소부장 특화단지에는 반도체 장비와 관련된 테스트베드가 구축될 예정이다. 테스트베드는 입주 기업들이 기술 개발과 실증 테스트를 수행할 수 있는 연구 시설과 장비를 집적해 제공된다. 또 지역 대학과 협력해 반도체 인재 양성을 위한 교육 프로그램을 운영하고 있으며 반도체 기업 재직자를 대상으로 계약학과 운영을 지원해 전문 인력을 양성하는 등 반도체 인력양성센터를 추진한다. 이 밖에도 안성시는 소부장 특화단지 육성계획을 수립하고, 반도체 유치팀을 신설하는 조직개편을 단행하는 등 K-반도체 벨트의 중심지로 도약하기 위해 반도체 산업 육성에 박차를 가하고 있다.

소부장 특화단지 선정과 더불어 향후 20년 이상 안성시 발전을 견인할 수 있는 차별화되고 경쟁력 있는 분야별 핵심 전략과제 발굴이 필요했다. 보유하고 있는 문화자원을 통해 대한민국 문화도시에도 최종 선정됐지만 중앙정부 신규 정책에 선제적, 능동적으로 대응할 수 있도록 적극적으로 다방면에서 사업을 발굴해 안성시 장기 비전을 수립해야 한다. 현재 안성시는 '2045 중장기 발전계획'을 수립 중이다. 안성시 현황과 대내외 여건을 분석하고 주요 사업과 관련된 지자체 성공 정책을 분석해 안성시만의 핵심 전략사업을 발굴할 계획이다. 더불어 안성시도 현재 10인 이상 기업 전수조사와 지역 대학과 협업, 산업진흥원 설립 등을 통해 미래산업 전략을 수립하고 발굴할 예정이다.

• 핵심전략산업 정책포럼

3장

지속가능관광

　대형 버스 한 대가 관광지 앞에 서고 우르르 내리는 관광객, 짧게는 30분 최대 3시간 머물며 빠르게 명소들을 '찍고' 돌아오는 것. 전통적인 관광의 이미지다. 극강의 효율성을 추구한다는 장점이 있지만 각 장소에서의 깊이 있는 경험이나 현지 문화 교류가 제한될 수 있다는 단점이 분명하다. 이런 이유로 각 지자체에서는 관광객뿐만 아니라 관광지가 속한 지역까지 공생 가능한 지속가능관광을 추구하고 있다.

　유엔 세계관광기구에 따르면 지속가능관광은 방문객, 관광업계, 환경 및 방문지 커뮤니티의 요구에 부응하는 동시에 현재와 미래의 경제적, 사회적, 환경적 영향을 모두 고려한 관광이다. 즉 미래 세대의 필요를 훼손하지 않고, 현 세대의 욕구를 충족시키는 수준에서 관광자원을 개발하고 이용한다. 관광의 명과 암은 분명하다. 부흥하는 지역경제 속에 무분별한 개발로 환경이 파괴된다거나, 일자리 창출로 인한 고용 증대와 함께 경제적 이익의 불균형이 찾아온다. 분명한 이익을 얻는 대신 관광자원 자체를 고갈시킬 수 있는 문제점이 있다.

　지속가능관광 측면에서의 도시재생은 지역 문화와 역사를 보존하는 동시에 관광자원으로 활용하는 방식으로 진행한다. 거리나 골목, 마을 등 일상 공간에 예술문화적 가치를 부여하고 이야기를 엮어낸다. 틀에 박혀 있는 보통 콘텐츠가 생각의 전환으로 다시 새롭게 태어나는 것, 혁신적인 사고로 관광자원을 바라보는 시야도 필요하다. 공동체 중심의 지속가능관광에서 가장 중요한 것은 주민이다. 주민 생활지역과 그 인근을 관광지로 개발하며 지역 주민들 참여를 보장하고 이익을 공유하는 시스템을 구축함으로써 관광 산업과 지역사회 상생을 도모할 수 있다.

이처럼 지속가능관광은 환경과 경제적 이익, 주민 소득에서의 균형을 추구하며 더 나은 미래를 위한 관광 모델을 만들 수 있다. 지속가능관광은 관광 산업 변화를 넘어 우리 사회 전반의 발전을 위한 중요한 걸음이 된다.

떠나는 길목에서
돌아오는 목적지로 ①

신안군—퍼플섬

퍼플섬은 신안군 반월도와 박지도를 아울러 일컫는 말이다. 고령화가 진행되며 발길이 끊긴 낙후된 섬을 되살려보자는 주민 제안으로, 2015년 전라남도 '가고 싶은 섬'으로 지정된 후 신안군은 재생사업에 착수하며 섬의 특징을 파악했다. 반월도와 박지도에 자생하는 도라지 군락지의 색깔인 보라색에 주목했고 두 섬을 묶어 퍼플섬이라고 명명했다. 퍼플섬은 도라지 꽃을 비롯해 라벤더, 버들마편초, 아스타 국화 등 보라색 꽃이 사계절 내내 끊임없이 피고 지며 작물도 자색 고구마, 자색 양파, 콜라비 등 보랏빛을 띤 작물을 골라 키웠다. 2019년 초부터 경관 개선을 위해 본격적으로 채색 작업에 돌입했다. 반월도와 박지도를 잇는 퍼플교를 비롯해 해안도로, 가로등, 지붕, 건물 외벽 등 섬 전체를 보랏빛으로 물들이는

과정에는 주민들의 직접 참여가 있었다. 반월도에서 바리스타로 일하는 한 어르신은 어린 나이에 신안으로 시집온 후 46년 동안 생계를 위해 어업에 뛰어들었다. 어르신은 이제 마을 관광 활성화를 위해 바리스타 교육을 받고 갯벌 낙지를 건져 올리는 대신 에스프레소 샷을 내리고 있다. 신안군은 카페 창업을 희망하는 군민을 대상으로 농산물가공센터에서 바리스타 자격증 과정을 운영하고 있다. 20대부터 60대까지 다양하게 참여할 만큼 군민들에게 인기가 높으며 바리스타 양성 교육을 통해 관광객이 쉴 수 있는 카페 창업을 자연스럽게 지원하고 있는 것이다. 평범한 섬이 색을 입자 관광객이 늘어났다.

성공적인 '컬러 마케팅'으로 2021년 유엔 '세계 최우수 관광마을'로 선정된 신안 퍼플섬은 연간 40만명이 찾는 전국 관광지로 거듭났을 뿐만 아니라 퍼플섬 관할 구역인 안좌면 거주 인구도 신안군 14개 읍면 중 이례적으로 인구 증가세로 돌아섰다. 신안은 다도의 장점을 활용해 섬이 없는 전국 지자체를 대상으로 '명예 섬 공유 사업'을 추진하고 있다. 김대중 전 대통령의 고향인 하의도는 '김해의 섬', 대한민국 최서남단 가거도는 '평택의 섬', 추포도는 '대구 남구의 섬' 등으로 선포하고 있다. 지자체에서 해당 섬을 방문하면 교통비, 숙박비 등을 지원하는 조례도 제정할 계획으로 전국 지자체와의 유대감도 이어간다.

지속가능한 관광은 단기적인 이익을 넘어 지역의 장기발전을 추구하는 방안 중 하나로 환경, 경제 측면에서 모두 고려해 지역만의 특색을 고려해야 한다. 먼저 관광객 유입의 핵심인 자연환경 유지를 위해 지속적인 관리와 자원 보존이 필요하다. 두 번째로 균형 발전이 중요하다. 관광으로 인한 경제적 혜택이 소수에게 돌아가지 않도록 마을 전체, 지역사회 전체 이익을 고려해야 한다. 안성시가 지역 내 호수를 관광자원으로 개발하는 호수관광도시 조성사업은 호수 주변 마을을 빼놓고 시작할 수 없다. 시민과 함께 기획한 호수 관광 종합발전 계획을 바탕으로 사업에 착수했으며 이 과정에서 당초 고삼·금광·칠곡·용설·청룡 등 5개였던 핵심 호수는 지역 주민들 개발 의지로 9개로 늘어났다. 수변공원 정비, 공영주차장, 진입

▪ 덕산호수 둘레길 현장 점검

로, 경관화원, 둘레길을 조성하고 호수 주변 마을을 관광휴양 전원 마을로 육성하는 등 마을과 연계해 경제 활성화에도 힘을 쏟는다.

떠나는 길목에서
돌아오는 목적지로 ②

공주시 — 제민천

지역 도시에 닥쳐온 생존 위기와 소멸, 지역 유지를 위한 청년 인구 유입은 두 번 강조해도 지나치지 않다. 청년 인구 유입을 위한 발판으로 구도심 도시재생을 선택한 공주는 두 가지 효과를 동시에 끌어올 수 있다는 면에서 시사점이 크다.

공주는 꽤 오래전부터 도시재생을 이어왔다. 2014년 국토교통부 도시재생 선도지역으로 선정된 후 중심에서 사업을 지원해줄 수 있는 도시재생지원센터를 먼저 건립했다. 이어 이론과 실습을 도와줄 수 있는 도시재생대학을 운영하고 60~80년대 하숙 체류형 관광 테마를 바탕으로 하는 공주하숙마을을 오픈했다. 근대문화유산을 자원화해 만든 근대문화 골목길은 도시재생대학 해설사 양성과정과

연계 서비스를 시행하며 마을 내 일자리 창출 역할도 해냈다. 공산
성어울림센터는 주민센터와 공유상가, 마을목욕탕, 주민문화센터
등이 함께 어우러진 통합 재생 거점 공간이자 주민 소통 장으로 거
듭났다. 공산성, 중동성당, 박찬호 생가, 영명학교, 유관순길 등 유산
을 활용한 골목길 등 기존 건물에 활기를 불어넣었다. 지역 자산을
이어 새로운 가치를 창출하고 있는 공주에는 온고지신으로 빛내고
닦아낸 마음이 담겨 있었다.

이런 원도심 살리기에 청년층을 위한 복지 사업이 더해진 것이다.
공주청년센터는 지역 정착에 관심 있는 청년 활동 거점공간 역할을 수행하고 있다. 취창업 지원, 역량 강화 프로그램 등 청년 자립역량 강화와 커뮤니티 활성화를 위해 경제, 사회, 교육, 복지, 문화 등 여러 분야의 다양한 서비스와 정보를 제공하며 청년들 활동을 지원한다. 또 공주청년센터는 구도심에 위치하고 있어 자연스럽게 청년들의 구도심 유입을 유도하고 있다. 이에 더해 공주시를 흐르는 금강을 기준으로 강남과 강북에 자율이용공간 '일루와유'를 상시 개방 및 추가 운영하며 청년들 접근성을 강화했다. 구 공주소방서 건물을 리모델링한 공주문화예술촌에는 전시판매장, 입주작가실, 청년창업공간이 들어서며 문화예술과 청년창업 거점 공간이 됐다.

공주지역살이브랜드 '자유도'는 지역에서 새로운 기회를 찾고 정착하고자 하는 2030을 대상으로 진행하는 행정안전부의 2021년 청년마을 만들기 지원사업 공모에 선정됐다. 공주 원도심 제민천 일대를 중심으로 예술가, 기획자, 교육자, 창업자 등 새로운 기회를 찾는 청년에게 지역자원을 활용해 정착을 지원하는 청년 마을이다. 수도권에 비해 상대적으로 주거비와 초기 투자 비용이 저렴한 지역 특성을 바탕으로 여행하듯 부담 없이 시작할 수 있는 2박 3일부터 마을에서 머물면서 자신의 일을 할 수 있는 4박 5일, 지역에서 머물며 자신의 역할을 찾는 3주 프로그램까지 길이별로 나눈 지역살이 프로그램들이 눈에 띄었다. 남들이 좇는 길, 남들이 만들어 놓은 길을 걷고 있는 청년들에게 탁 트인 시야를 제공할 수 있는 공간의 의미가 도시재생을 통해서 드러났다. 공주는 도시재생 선진 사례지로서 연

방문객이 1천 명을 넘어서고 있고 신규 사업체 창업 증가, 공간 명소화, 원도심 관광객 증대로 하숙마을 매출이 증가하며 골목경제가 활성화됐다.

안성에도 공주청년센터와 비슷한 청년문화공간 '청년톡톡'이 있다. 청년정책 참여 거점공간 운영, 청년 니즈를 반영한 맞춤형 프로그램 운영, 청년을 위한 공간 대관, 다양한 청년정책 정보 제공, 상담 및 전문상담 운영 등 청년들이 주도적으로 참여할 수 있는 공간을 제공하고 청년 중심 프로그램과 행사를 운영하는 곳이다. 청년톡톡 운영단은 기존 청년프로그램 신청자와 청년정책분과위원회 참여자 등 평소 안성시 청년 정책에 꾸준히 관심 있는 청년들과 신규 신청자로 구성됐으며, 자문단은 관내 대학 총학생회 임원으로 구성해 안성시 청년 자발적으로 참여할 수 있는 환경을 조성했다.

▪ 청년톡톡

▪안성시 청년 로컬 크리에이터 원도심 성과 공유회

　당왕동에 조성 예정인 청년창업캠퍼스는 청년 창업가에게 장소와 정보 등을 제공하며 창업 초기 막막함을 해소하고 성공적으로 사업을 영위할 수 있는 생태계를 조성한다. 안정적인 창업 정착을 위해 청년창업캠퍼스는 창업 전문가 멘토링, 마케팅 지원 등 사업화

지원, 청년 창업자 입주기업 모집 및 관리, 교육 등이 주요 사업으로 진행된다. 또 창업기업의 독립 오피스, 예비 창업자의 공유 오피스, 회의실, 강의실, 폰부스, 휴게실 등 창업을 위한 공간을 마련해 척극적으로 지원할 예정이다. 청년창업캠퍼스는 지역창업기관의 허브 역할을 수행하며 청년이 창업하기 좋은 도시 이미지를 제고한다.

도시재생을 위해서는 지역 특색을 잘 녹여낼 로컬 크리에이터가 필요하다. 로컬 크리에이터는 지역을 뜻하는 로컬(local)과 콘텐츠 제작자를 뜻하는 크리에이터(creator)의 합성어로 지역 문화·관광·자원을 기반으로 콘텐츠를 생산하고 활동하는 사람을 말한다. 안성시 청년창업 공모사업은 안성시 자원과 문화적 유산을 청년의 아이디어와 결합해 지역경제 활성화에 기여할 로컬 크리에이터 창업을 지원하는 사업이다. 시행 첫해인 2023년에는 안성에 애정이 있는 청년 창업가를 발굴해 지역경제를 활성화하는 것에 목적을 뒀다. 브런치 식당, 가죽공방, 소품숍 등 3개 청년 창업팀은 문화도시로 도약하는 안성의 제반을 그렸다.

안성천과 원도심을 잇는 '6070 추억의 거리'는 과거 쇠전거리라고 불리며 인기를 얻었으나 시간의 흐름에 따라 쇠락한 골목상권이다. 2024년 선발된 청년 로컬 크리에이터들은 바로 이곳, 6070 추억의 거리에 자리를 잡아 원도심 활성화와 새로운 지역 관광명소로의 재탄생을 위해 사업에 참여하고 있다. 특히 이들은 안성의 다른 지

역에서 창업을 시작한 청년 창업가들로, 이들을 따라 추억의 거리에 방문한 소비자들이 공간에 매료돼 다시 이곳을 찾는 선순환이 이뤄질 수 있다.

바우덕이 축제 기간을 맞아 6070 추억의 거리에서 골목식탁 행사를 진행했다. 음식 부스, 플리마켓, 도시재생 관련 작품 전시와 체험 부스, 문화공연 등 먹을거리·볼거리·놀거리가 한데 어우러져 꽤 많은 시민분들이 찾아주셨다. 이번 골목식탁 행사를 통해 인적, 물적 자원의 연계와 투자를 통한 원도심 상권 활성화의 가능성을 발견할 수 있었다.

떠나는 길목에서
돌아오는 목적지로 ③

강릉시 — 명주동 골목투어

나이키 하면 니케의 날개에서 본뜬 스우시 로고와 역동적인 스포츠 모습이, 스타벅스 하면 세이렌이 그려진 초록색 원형 모양과 향긋한 커피가 떠오른다. 이처럼 잘 된 브랜딩은 대상에 대한 이미지가 바로 그려지게 된다. 지역으로 대상을 옮겨보자. 런던은 빅벤과 런던아이 등 고풍스럽고 모던한 이미지를 동시에 자아내며, 홍콩은 화려한 네온사인 거리와 그 사이를 다니는 트램이 생각난다. 브랜딩은 대상의 특성이 무엇인지 고민하고 이를 토대로 이미지를 구축하는 것이다. 특히 로컬브랜딩은 지역이라는 거대한 공간을 브랜딩한다는 점에서 지역 내 다양한 자원을 활용해 고유 이미지를 만들어야 한다. 이를 위해선 지역이 어떤 모습인지, 어떤 이미지인지 바라볼 수 있는 익숙한 시각과 새로운 시각이 필요하다.

강릉 원도심 명주동에서 주민해설사와 함께한 명주동 골목투어
는 지역을 대표할 수 있는 공간을 묶어 잘 짜인 이야기를 들려줬다.
명주동에 있는 강릉대도호부 관아 칠사당(사적 제388호)은 명주동
이 예로부터 강릉 중심지였다는 것을 보여준다. 2000년대 초 시청
사 이전과 신시가지 형성으로 명주동은 쇠락의 길로 접어들었으나
2010년대 문화공간이 하나둘 들어서며 원도심 부흥을 이끌어냈다.
옛 명주초등학교 건물은 명주예술마당으로 바뀌어 시민 문화예술
활동과 교류 공간으로 재탄생했고 설립된 지 60년이 되어가는 작은
공연장은 다시 노랫소리가 흘러나오며 활기를 되찾았다. 인쇄소로
사용하던 2층짜리 주택을 마을 박물관으로 리모델링한 햇살박물관
은 명주동과 관련된 자료와 주민들에게 기증받은 소소한 물건들이
전시되어 있다. 골목해설사 양성과정을 수료한 주민들이 직접 마을
을 소개하는 재미가 마을을 둘러보기에 한껏 쏠쏠한 재미를 더했다.

그렇다면 안성의 로컬브랜딩은 어떨까? 안성이라는 도시를 인
식하는 과정과 경험 그 자체가 가장 중요했다. 명주동 골목을 구석
구석 돌아보며 안성 구도심과 다른 점을 발견했다. 밝은 골목, 그것
이 차이점이었다. 안성의 성남·옥천지구는 좁은 골목이 얽힌 형태
로 전체 건축물 중 83% 이상이 20년 이상 된 건축물이며 그중 50%
정도가 40년 이상 된 노후 건축물이다. 노후 건축물 사이의 경우
CCTV는 물론 가로등도 없는 곳이 많아 범죄 사각지대가 존재하며
폭이 협소해 범죄가 발생하기 쉬운 환경에 처해 있었다. 깨진 유리

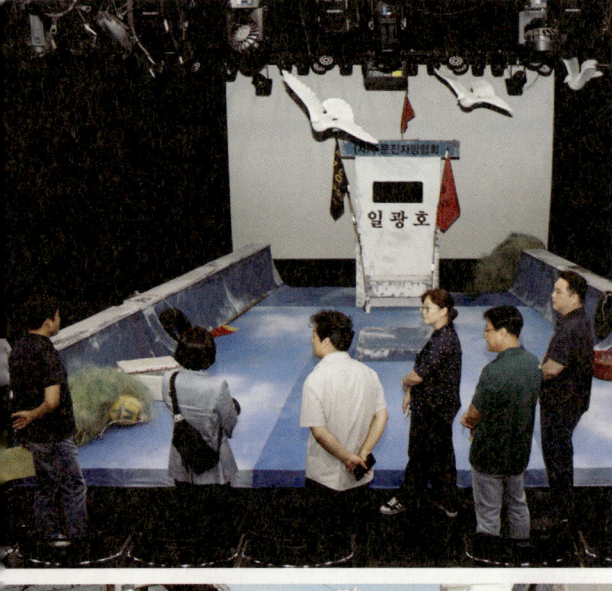

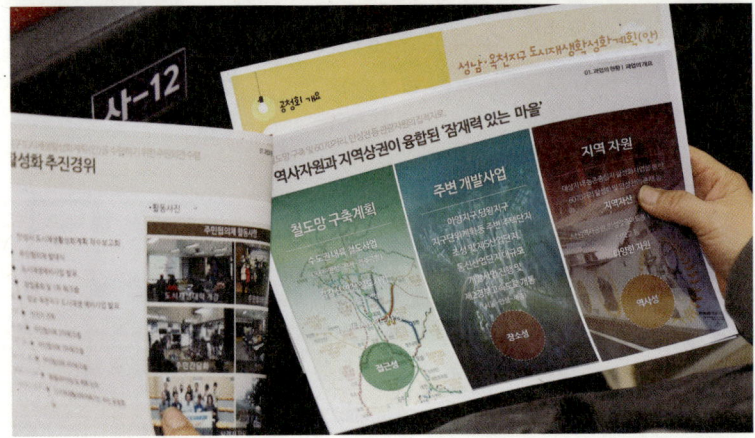

▪ 성남·옥천지구 도시재생활성화계획 주민 공청회

창 하나를 방치하면 그 지점을 중심으로 범죄가 확산한다는 '깨진 유리창 이론'에서 알 수 있듯이 2022년 대비 2024년 성남·옥천지구 내 폭력 및 절도 범죄 발생률은 점차 증가하고 있는 것으로 확인돼 한시라도 빠른 사업 추진이 필요했다.

셉테드(CPTED, Crime Prevention Through Environmental Design)는 범죄 예방 환경 디자인으로 도시 환경 설계를 통해 범죄를 예방하는 선진국형 범죄 예방 기법을 의미한다. 셉테드의 방식 중 하나로 자연 감시가 있다. 예를 들어 담장을 낮춰 시야를 가리는 방해 요소를 없애고 주변 이웃들의 눈이 자연 CCTV가 되어 서로 감시할 수 있는 것이다. 주민 휴게 공간 역시 자연 감시 역할을 수행할 수 있다. 주민 대부분이 어르신인 성남·옥천지구 곳곳에 공원을 설치해 보행 시 쉴 수 있는 공간, 주민들끼리 만날 수 있는 공간을 조성하는 방법도 있다. 세계 각지에서 가로등 조도만 밝아져도 범죄 발생률이 감소한다는 연구 결과가 존재하는 만큼, 야간 조명을 설치하거나 형광물질을 도포해 보행로를 정비하고 CCTV나 비상벨을 설치해 한층 더 보안을 강화할 수 있다. 안성은 경기도 공모사업인 범죄예방 도시환경

• 도기동 산성

디자인사업에 선정, 2025년부터 성남·옥천지구에 위와 같은 골목 환경 개선 및 담장 정비사업을 진행할 예정이다.

도시 개발 과정에서 문화유적이 발견될 경우 개발이 중단되고 문화재 보호 조치가 우선적으로 시행되며 주변 일정 범위가 개발행위 제한 구역으로 설정된다. 그래서 처음에는 발견되는 문화유적을 원망하기도 한다. 안성 도기동 산성(사적 제536호) 때가 그랬다. 산성 주변 지역을 대상으로 발굴 조사를 할 때 고구려 목곽고와 산성 규모를 알 수 있는 목책열 등 삼국시대 유적이 추가로 확인됐다. 이 말은 곧 도기동 산성의 범위가 사적으로 지정된 문화재 보호구역보다 훨씬 넓다는 것을 의미하고, 개발 제한 지역이 더 커질 수 있다는 것을 뜻한다.

안성에는 도기동 산성뿐 아니라 안성 봉업사지(사적 제575호), 홍계남 장군 고루비(도 유형문화재 제71호) 등을 비롯해 석남사, 청룡사, 칠장사 등 지역 내 고찰과 보유 불교 문화유산, 미리내성지와 안성성당 등 천주교 문화유산 등 국가지정문화재 22개, 경기도지정문화재 61개, 시지정문화재 45개 등 곳곳에 지역 문화유산이 편재해 있다. 생각을 바꿔 개발 제한이 걸려 원망스러웠던 문화유적을 조상님들의 선물로 여기기로 했다. 문화재를 엮어 역사문화 향유공간을 정비하고 문화재 연구를 적극적으로 지원해 '역사와 문화의 도시'로 브랜딩할 수 있기 때문이다. 이에 더해 중요무형문화재 제77호인 안성

• (위에서부터) 석남사, 칠장사, 미리내성지

유기 공방은 원도심에 위치해 강릉 명주동 골목투어처럼 권역별로 묶어 관광상품을 만들거나 테마를 조성해 골목 상권 부흥을 이끄는 데 활용할 수 있다.

지역의 숨결을 담은
로컬관광 ①

예산군 — 예당호 출렁다리

관광 산업은 경쟁력을 높이기 위해 트렌드에 민감한 개발을 진행하기 마련이다. 득이 될 수도 독이 될 수도 있다. 다른 지자체 관광지들이 유행에 따라서 우후죽순 상징물을 조성하고 비슷한 테마를 만들때 예당호는 지자체가 가지고 있는 자원을 기반으로 고민했다. 예당호를 중심으로 개발한 예산 관광은 지역의 독창성을 살리고 그 가치를 존중하는 방식으로 진행했다. 경쟁에서 살아남는 방법은 최초가되거나 최고가 되거나 둘 중 하나다. 그렇지 않으면 아류가 되어 '반짝 인기'를 얻다가 뒤안길로 사라지게 된다. 전국에는 200개가 넘는 출렁다리가 있다. 팔봉산 자락 끝에 이어진 예산 예당호에는 국내최장 길이 402m의 출렁다리가 놓여 있다. 출렁다리와 이어져 호수둘레를 따라 조성된 느린호수길과 음악분수는 한층 더 여유와 쉼을누릴 수 있도록 했다. 이에 더해 모노레일, 인공폭포가 쏟아지는 산

벽과 오토캠핑장, 조각공원 등을 함께 조성한 예당호 관광지는 예산
군을 넘어 충남 여행 대표 관광 명소로 자리 잡았다. 예당호는 자연
과 문화, 지역경제가 유기적으로 결합된 지속가능 관광 모델을 추구
한다.

예산 출렁다리는 '성공은 단순한 모방으로 따라갈 수 없다'는 것을
보여준다. 지역 고유 자원과 특성을 살려 차별화된 관광상품을 개발
해야 한다. 지역 주민 참여를 이끌어내고, 지속가능한 관광 모델을
구축해 지역경제 활성화와 함께 지역 가치를 높여야 한다. 지역 자
원을 훼손하지 않고 지속가능한 방식으로 활용한다는 측면에서 안
성시 호수관광사업 역시 효과적으로 활용한 지속가능관광의 좋은
예시 중 하나다. 5개 핵심호수와 4개 연계 호수를 관광자원화하고,

그 과정에서 호수 인근 마을과 함께 하는 지역경제 활성화와 일자리 창출이라는 경제적 가치를 추구한다. 안성에는 크고 작은 호수가 62개 있다. 안성시는 호수를 단순히 관광자원으로서 활용하는 것뿐만 아니라 지역 주민 소득 증대를 위해 마을 연계 사업으로 잇는다. 지역 주민과 함께 기획한 호수관광 종합발전계획을 바탕으로 고삼·금광·칠곡·청룡호수, 호수별 테마를 구성해 휴식과 낭만이 어우러진 호수 관광도시로의 성장을 모색한다.

감성과 놀이가 함께하는 유러피언 레크레이션 호수 '고삼호수', 생태자원의 우수성을 유지하고 문화콘텐츠를 강조한 에코 호수 '금광호수', 가족 중심 관광위락 및 문화 콘텐츠를 강화한 캠핑 호수 '용설호수', 도시에서 벗어나 휴식과 힐링을 느낄 수 있는 노을빛 호수 '칠곡호수', 지역 전통문화와 감성을 담은 이야기 호수 '청룡호수' 등 호수별 고유 스토리텔링을 부여해 각자의 매력을 느낄 수 있도록 했다.

금광호수의 경우 수석정 수변화원, 박두진문학길, 청록뜰, 국가생태문화탐방로 및 탐방안내소 등이 조성 및 정비되며 1단계 사업이 마무리됐다. 특히 금광호수 관광시설의 중심으로 꼽히는 하늘전망대는 2025년 5월 방문객만 약 15만 명(*147,848명)으로 벌써부터 많은 관광객들의 사랑을 받고 있다.

▪금광호수

지역의 숨결을 담은 로컬관광 ②

공주시 — 연미산과 금강자연미술비엔날레

'금강자연미술비엔날레'는 국제자연미술전시 행사로 2004년 충청남도와 공주시 후원으로 시작됐다. 금강자연미술비엔날레에는 세계 각국에서 참여한 작가들이 한 달여 기간 동안 숙식을 함께하며 작품을 제작한다. 금강자연미술비엔날레는 공주시 관할 장소에 상설 전시되며 관람객들은 시간의 흐름에 따라 작품이 변해가는 모습을 볼 수 있다. 공원을 찾는 시민들이 자연스럽게 미술에 녹아들 수 있다는 특징이 있다. 2024년 비엔날레는 연미산자연미술공원과 금강자연미술센터에서 8월부터 11월까지, 약 석 달 동안 진행됐으며 42개국 132팀이 참여했다.

연미산은 지난 2006년 처음 금강자연미술비엔날레 개최지로 선정됐다. 공주시는 행사 이후 설치된 작품들을 중심으로 연미산을 자연미술공원으로 조성하기 위해 계획을 세웠고, 2007년 근린공원 조성사업을 위해 시설물, 조경수, 초화류 등 조성공사와 보완공사를 실시했다. 연미산자연미술공원에는 금강자연미술비엔날레를 통해 출품한 국내 작가 작품 27점과 외국 작가 작품 24점 등 51점의 작품이 설치됐고 '자연' 미술이기에 설치된 작품은 영구적이지 않고 수명의 한계에 따라 계속 교체된다. 차곡차곡 쌓여가는 시간 그 자체로 연미산 전체가 미술관으로 통한다. 모든 것을 한 번에 조성한 결과물을 선보이는 것보다 하나씩 더해서 모두가 함께 만들어가는 문화관광을 선보인 것이다.

보통 개발 사업은 준공 이후 종료되고 특별한 일이 없는 한 관리나 운영을 통해 유지한다. 다만 시간이 지나면 낡고, 식상해지고, 시대 흐름에 뒤처진 애물단지로 전락하는 경우도 종종 발생한다. 이에 반해 연미산 자연미술공원은 만들어가는 곳, 시간의 흐름이 살아 있는 곳임을 느낄 수 있었다.

해가 거듭될수록 미술이 쌓이는 색다른 모습을 보여준 연미산 자연미술공원은 자연 재료와 형태를 활용한 작품들이 환경을 해치지 않으면서도 높은 예술적 가치를 증명한다. 시간이 지남에 따라 자연 속에서 변화하고 사라지는 과정을 통해 관광객들에게 자연 순환과 지속가능성에 대한 인식을 심어준다. 지역 예술인과 협업해 관광명소를 만들어낸 것이다. 안성에는 문화예술인이 다수 존재한다. 지역

▪ 연미산 자연미술공원

• 시인 박두진의 고향인 안성에는 박두진문학관과 박두진문학길이 있다.

예술인과 함께 지역 명소를 가꿔 문화관광으로까지 충분히 이어나갈 수 있다. 안성 대표 문학인, 박두진 시인의 예술 정신을 품은 금광호수 둘레에는 박두진문학길이 있다. 2.4km 남짓한 길이에는 박두진 시인 대표작품이 담겨 있는 시비(詩碑)를 통해 그의 문학세계를 감상할 수 있다. 박두진 유족이 기증한 2,000여 점의 관련 자료를 바탕으로 건립된 박두진문학관은 그의 삶과 문학적 발자취를 조명하기 위해 매년 안성 문인을 선정해 토크 콘서트, 시민 대상 문학 강의, 순회 전시 등을 지원한다.

사람이 사람을
부르는 콘텐츠 ①

밀양시 — 아리랑대축제

전국 지자체 축제의 가장 큰 강구점은 모객이다. 유입된 관광객들이 축제를 매개로 지역에 흘러들어 와 지역경제의 선순환 효과를 노리고 있다. 밀양 아리랑대축제는 1957년부터 현재까지 꾸준히 이어져 오는 역사 깊은 대표 축제다. 경상남도에서 유일하게 8년 연속 문화관광축제로 선정됐으며 '지역문화매력 100선'에 선정돼 전통 문화예술 축제로서의 입지를 단단히 구축했다. 2024년 약 35만 명의 관광객이 방문했다. 밀양아리랑 대축제의 핵심인 밀양강 오딧세이 공연은 지역 주민이 함께 참여해서 완성하는 멀티미디어 쇼다. 뮤지컬 형태의 공연은 밀양시 학생들이 배우로 참여해 지역의 역사적 인물이나 사건을 중심으로 극을 펼친다. 지역 주민이 직접 참여하는 메인 콘텐츠 제작으로 주민과 지역사회 간의 연대감과 축제 정체성을 높였다.

전국 시도 지자체 228개. 각 지역에서 진행하는 축제 수만 해도 1천여 개 이상이다. 플래카드가 없으면 어느 지역의 무슨 축제인지 구분하기도 어렵다. '성공'한 축제는 무엇인가. 인기 있는 유명 가수를 불러서 사람을 많이 모이게 하는 것이 성공했다고 말할 수 있나? 2024년 안성맞춤 남사당 바우덕이 축제를 5개월 앞두고 바우덕이 축제만의 경쟁력과 차별화 방안에 대해서 다시 생각했다. 바우덕이 축제는 20여 년의 역사를 가지고 있는 전통 축제다. 특히 2024~2025 문화관광축제에 선정된 만큼 그간의 역사를 품고 확장하는 축제를 만들기 위해 고민해야 했다.

안성맞춤 남사당 바우덕이 축제는 5일을 위해 360일을 보낸다고 해도 과언이 아니다. 연초 개최 시기와 방향을 정하는 축제위원회 회의를 시작으로 홍보, 축제 사무국 구성, 부서별 실행계획 보고, 참가 부스 선정을 하다 보면 내렸던 눈은 어느새 녹고 뜨거운 햇살을 지나 다시 시원해진 가을을 맞이한다. 안성 바우덕이 축제는 음식이나 장소가 아닌 인물을 중심으로 구성된 축제다. 인물을 중심으로 그 역사를 스토리텔링하고 지역 관광자원을 엮어 탄탄하게 발전시켜야 한다.

지난해 바우덕이 축제는 축제 고유 콘텐츠인 남사당놀이를 중심으로 전통을 기반으로 글로벌 방향성에 중점을 두고 축제 전체 로드맵을 구상했다. 가장 먼저 축제 한 달 전 '프레 바우덕이 축제'를 열고 자원봉사 발대식과 글로벌 서포터즈 위촉식을 진행했다. 글로벌 서포터즈는 20여 개국의 대학생 31명이 새롭게 발탁되었으며 이들에게는 SNS를 통해 안성과 축제를 알리는 임무가 주어졌다. 인스타그램, 틱톡 등에 축제 경험을 게시하는 외국인 포스팅 챌린지에는 41개국 150명이 참여하며 누적 조회 수 50만 회를 기록했다. 또 전야제와 본축제에는 CIOFF(유네스코 산하 국제민속축전기구협의회) 세계민속공연이 펼쳐졌다. 콜롬비아, 인도네시아, 폴란드, 루마니아, 남아프리카공화국, 태국 등 총 6개 국가는 전통 문화예술 바우덕이 축제에 이국적인 색채를 덧입혔다.

축제 역사를 함께 한 길놀이 퍼레이드에 더해 경연대회, 음악다방, 시민예술 무대 등 시민들 활동무대를 확대해 다양한 세대가 함께 축제를 즐길 수 있도록 했다. 지역 어느 축제를 가도 교통 문제가 불거져 나오지만 바우덕이 축제만큼은 호평이 주된 의견이었다. 교통 혼잡을 방지하기 위해 전년 대비 주차장과 셔틀버스를 확충 운영했다. 유튜브 생중계로 교통 현황과 구역별 주차 현황을 쉽게 알 수 있도록 했으며 셔틀버스의 경우 노선별 탑승장 줄 색을 구분해 승차 시 관람객 혼란을 줄였다. 어느 지역을 가도 볼 수 있는 콘텐츠가 아닌 어느 지역에서도 볼 수 없는 안성맞춤 남사당 바우덕이 축제는 전통을 확장한 글로벌 축제로 거듭났다. 방문객은 지난해 대비 3% 증가한 56만 8천여 명이 방문해 최고 기록을 갈아치웠다. 농특산물 장터에서는 전년 대비 7.8%가 상승한 총 22억 6천만 원의 매출을 기

• 지역축제 아카데미 수료식

록했다.

안성은 가장 큰 축제인 바우덕이 외에도 자생력 있는 일 년 열두 달 축제관광도시를 만들기 위해 축제 아카데미를 운영하고 있다. 지역축제를 하고 있거나, 하고 싶은 사람들은 축제위원회를 구성해 축제아카데미를 수료해야 한다. 지역축제 아카데미 과정을 수료하면 읍면동 지역축제 지원을 받을 수 있기 때문에 대부분의 지역축제 위원회가 아카데미 과정에 참여한다. 체계적인 교육을 통해 실무 역량을 강화하고 지역별 특성을 살려 축제를 구성할 수 있도록 도와준다. 지역축제 우수 접목 사례를 발굴할 경우 인센티브도 제공한다. 양성된 리더들은 지역경제 활성화를 위한 비법을 터득하게 된다.

• 안성맞춤 낙원페스타

• 동막골 빙어축제

　축제 아카데미 우수사례 중 하나가 바로 안성1동의 안성맞춤 낙원페스타다. 지역이 보유한 역사자원을 관광자원으로 활용했다는 점에서 시사하는 바가 크다. 스탬프 투어 형식으로 진행한 낙원페스타는 안성마춤유기공방, 한주오거리, 안성향교, 안성성당을 거쳐 낙원역사공원으로 돌아오는 여정으로 역사문화유산의 가치를 새롭게 인식할 수 있는 계기가 됐다. 축제 기간에는 안성1동 주민자치센터 프로그램도 같이 운영하며 관광객에게 더욱 풍성한 볼거리를 제공했다.

　매년 겨울 죽산면 두메저수지 동막마을에서 열리는 동막골 빙어축제도 빼놓을 수 없다. 동막골 빙어축제는 기존 낚시터에서 진행했던 축제를 마을공동체 공모사업으로 추진한 경우다. 1급수 저수

지라는 자연자원과 마을주민 인적자원을 통해 동막마을은 주민들이 뜻을 모아 마을 소득과 일자리 마련을 위한 지역축제로 발전하게 됐다.

시민들 요구는 우리 바우덕이 축제에도 '인기가수를 더 많이 불러달라'는 것이다. 물론 시민과 함께하는 축제이고, 그들의 요구를 수렴하는 것도 맞지만 대중가수를 부르는 순간 바우덕이 축제의 '전통연희'라는 독특한 정체성은 사라질 것이다. 그렇게 되면 바우덕이 축제는 플래카드를 걸지 않으면 무슨 지역에 와 있는지도 모르는 축제 중 하나로 전락할 수도 있다. 바우덕이 축제는 전통문화 계승과 발전이라는 축제 목표가 분명하고, 시민들은 관객이자 공연자로서 축제의 주체가 된다. 안성시는 대중가수를 불러 생기는 눈앞의 단기적인 경제효과보다 장기적인 문화적 가치 창출에 초점을 맞췄고 그럼으로써 '지속가능한' 축제, 도시로 거듭날 수 있을 것이다.

• 바우덕이 축제

사람이 사람을 부르는 콘텐츠 ②

양구군 — 함께하는 마을

국토 정중앙으로 알려진 양구는 기온이 낮고 땅이 척박해 농업에 부적합하다. 산과 강으로 둘러싸여 접근성이 좋지 않아 인구 유출이 잦은 지역이다. 2024년 기준 양구 인구는 2만여 명, 그중 65세 이상 인구는 4,500명을 넘어서 초고령사회 기준을 초과했다. 인구 증가 대책이 절실히 필요한 상황이다.

양구는 먼저 지방소멸대응기금을 편성하고 전문성 있는 민간 조직인 지역관광추진조직(DMO, Destination Management Organization)에 위탁 운영해 인구 절벽 위기를 탈피하고 있다. 양구DMO는 양구 관광 발전을 통해 인구 소멸을 타개하고자 양구군을 비롯해 지역 관광협회, 관광사업체, 주민협의체, 학계 등 28개 개인과 조직이 참여하는 거버넌스를 구성했다. 양구DMO는 관광 활성과 인구정책 대책 마련을 위해 크게 세 가지 목표를 설정했다. 첫 번째, 주민협의체 (DMO네트워크) 조직 구성이다. 숙박, 요식, 체험 등 양구 내 다양한 사업체와 관광협회, 지자체를 하나로 조직해 이해관계자의 의견을 듣고 이를 반영해 관광상품을 개발하고 운영하며 도움을 주는 조직이다.

두 번째는 사이버 군민증이다. 양구는 지난해부터 사이버 군민제도 운영에 관한 조례를 제정한 후 사이버 군민증 발급을 시작했다. 사이버 군민제도는 양구군에 연고가 있는 사람이나 양구군에 관심이 있는 타 지역 거주자 누구나 신청할 수 있는 제도로, 인적 네트워크 구축 및 다양한 혜택 제공을 위해 관계 인구를 확보하고 더 나아가 관광 활성화와 지역 경기 활성화를 도모하기 위해 양구군이 추진하는 제도다. 사이버 군민증 소지자는 지역 내 미술관, 수목원 입장료 감면 등 양구군민의 혜택을 동일하게 누릴 수 있다. 카페나 체험장 등 7개 민간사업체에서도 혜택을 제공하고 있으며 양구군은 점차 제휴업체를 확대해 사이버 군민제도 활성화를 꾀한다.

세 번째는 양구만의 특색 있는 관광상품 발굴과 운영이다. 양구는 조선시대 백자의 백토 공급지다. 백토는 양구 대부분 토양에서 발견되지만 도예 재료로 양구 소재 작가들에게만 1년에 400kg의 한정적인 양이 지급되고 있다. 양구 특산물 백토의 우수성을 알리는 'DMZ 사이 잇는 마을'은 공예를 기반으로 양구의 백토와 생태를 활

용한 관광상품을 만들기 위해 모인 협동조합이다. 백토를 이용한 새 제품을 만들기도 하지만 어쩔 수 없이 버려지는 도자기나 파편들, 금속조각 등을 활용한 업사이클링 주얼리를 만들기도 한다. DMZ 사이 잇는 마을은 양구 도자 주얼리 브랜드 'BECTO'(백토)를 만들고 브랜딩하고 있다. 양구 도자 주얼리는 와디즈 펀딩 4일 만에 114% 를 달성하며 지금 고향사랑기부제 답례품, 관광기념품, 박물관 굿 즈 등으로 사용되고 있다.

사이 잇는 DMZ마을은 지역 중심 자발적 문화예술 프로그램 '향 토 담소'를 운영하고 있다. 향토 담소의 프로그램 중 하나가 '굿즈 아 카데미'다. 백토를 활용한 도자 주얼리 제작 및 교육을 통해 양구군 고유 상품을 개발하는 프로그램으로, 양구 주민들은 굿즈 아카데미를 통해 주민소득 창출 기반을 마련하고 양구 백토 및 양구군 브랜드 홍보와 이미지 구축에도 참여할 수 있다.

양구군의 또 다른 민관협력 사업 '양구사랑 아카데미'도 있다. 원하는 기간 동안 양구에 체류하는 내용인 '양구사랑 아카데미'는 서울여자대학교 학생들의 바롬종합설계프로젝트 수업으로 시작됐으며 현재 노원구 4개 대학(서울여대, 광운대, 과학기술대, 삼육대)이 참여하고 있다. 각 대학은 '민·관·학 협력 지역사회 문제해결 공유 교과'를 정규 학기에 개설해 참여 학생들은 양구군에서 현장답사, 자료 분석, 문제 정의 등의 활동을 통해 지역문제 해결 방안을 모색한다.

강정현, 권무령아 까미노사이더리 대표는 먼저 양구로 귀촌한 동생네 가족을 보고 양구에 좋은 인상을 받아 귀촌하게 됐다. 양구 사과 농부들의 파지 사과를 통해 양구에서만 살 수 있는 친환경 제품을 만들고 있다. 까미노사이더리는 프랑스, 영국, 일본에서 배운 기술을 바탕으로 까미노만의 사과식초를 개발했다. 생산자와 소비자, 농촌과 도시를 잇는 소규모 도시재생 사업 양구 잇장 프로젝트도 진행했다. 양구 잇장은 지역 농부, 요리사, 예술가, 작가, 사회적 기업 등이 함께하는 문화장터로 양구 생산 농산물과 이를 활용한 가공품 등을 만날 수 있다. 까미노사이더리는 이런 사회적 활동을 바탕으로 사회적 기업으로 성장하게 됐다. 양구 사과를 매개로 한 지속가능한

영농 문화를 만들고 공동체성을 회복하는 것이 까미노사이더리의 목표다.

안성도 생활인구를 늘리기 위한 시도를 하고 있다. 그중 하나가 고향사랑기부제와 연관된 사업들이다. 안성은 고향사랑기부제 답례품 인기가 좋아 2024년 경기도 31개 시군 중 가장 많은 기부금을 모금하였다. 고향사랑기부 후 답례품 증정이 끝이 아니라 한 번이라도 안성을 방문할 수 있도록 매력 있는 상품을 만들고 지속적인 유대관계를 만들어야 한다. 그 생각에서 출발한 것이 답례품 중에서도 가장 많은 인기를 끌어낸 주말농장 텃밭 이용권이다. 접근성 좋은 수도권의 귀농귀촌에 적합한 도시인 안성시는 이 장점을 살려 안

• 고향사랑기부제 전문가 특강 및 홍보 캠페인

• 고향사랑기부제 주말농장 텃밭 이용권

성시에 기부한 기부자에게 안성맞춤랜드와 공도읍의 공공텃밭 분양권을 답례품으로 증정했다. 공공텃밭 분양권은 인기가 좋아 일주일 만에 품절되기도 했다. 기부자 이름이 새겨진 나무를 심는 '(가제) 내고향 내숲'을 준비 중이며 자연 친화 도시 목표에 한 걸음 더 다가서는 것이 목표다. 지역 공기정화와 토양 보호와 탄소중립을 실천하고, 기부자들이 숲에 계속 관심을 가지면서 또 안성에 방문할 수 있다. 직접적인 거주 인구 외에도 관계 인구를 형성해 나가는 것이 인구 소멸에 대응하는 방안 중 하나일 것이다.

안성은 체류형 관광지로서의 정체성을 확보해야 한다. 일하면서 휴가를 즐기는 워케이션, 5일은 도시, 2일은 농어촌에 머문다는 5도 2촌 등 관광 트렌드를 반영해 안성을 찾은 관광객들이 지역에 오래 머물 수 있는 상품을 발굴해야 한다. 기존 낚시와 골프, 캠핑 등 레저 중심 관광에서 전 연령대 관광객이 모두 즐길 수 있어야 한다. 안성시 시민활동지원단 도농교류지원센터는 농어촌체험휴양마을 컨설팅을 지원한다. 농어촌체험휴양마을 컨설팅은 체험마을 종합진단, 농어촌체험 콘텐츠 개발지원, 농어촌 체험프로그램 개발과 재료비 지원 등이 이뤄진다. 2024년에는 서운면 청룡마을과 미리내마을이 선정됐다. 두 마을은 안성의 대표적인 농촌체험휴양마을로서 마을 자원을 활용해 마을 활성화를 진행하고 있다.

사람이 사람을 부르는 콘텐츠 ③

광주광역시 — 생태탐방원

국립공원 생태탐방원은 자연과 문화를 함께 즐기고 배우는 생태복지 시설이다. 체류형 특화프로그램, 숙박, 교육 등을 진행할 수 있으며 국민의 삶의 질 향상에 기여하기 위해 조성됐다. 무등산 생태탐방원은 2013년 3월 21번째 국립공원으로 지정됐다. 지정 첫해 인지도 70%가 상승하며 탐방객이 36% 증가해 경제적 가치도 약 2배 가까이 올랐다. 이어 무등산을 중심으로 광주광역시, 전라남도 담양군과 화순군이 2018년 유네스코 세계지질공원(화산)으로 지정되며 지질학적 중요성을 비롯해 생태학적, 고고학적, 문화적 가치를 입증했다. 그러나 2020년 코로나19 시기를 거치며 휴양 및 편의시설 부족과 인프라 노후 등으로 관광객 수는 지속적으로 감소하고 있다. 전체 방문객 중 고령 인구 방문 비율은 30% 이상, 수도권 거주자 유입 비율도 23개 국립공원 중 제일 낮다.

무등산은 자연환경을 살린 지속가능한 관광을 위해 해법을 찾아 나섰고, 국립공원공단의 국립공원 명품마을 조성사업을 발견했다. 국립공원 명품마을 사업은 국립공원 내 거주하고 있는 주민들이 삶의 터전인 공원을 스스로 보전하면서 잘 보전된 생태계와 문화자원을 활용해 주민 소득과 삶의 질을 높일 수 있도록 주민과 국립공원공단이 함께 만들어가는 것이다. 환경을 보호하고자 마련한 자연공원법은 사유재산권 침해, 지역 주민의 생계 유지 어려움 등으로 공원구역의 해제 요구 민원이 다수 발생했다. 이에 2010년 국립공원 내 낙후된 존치마을 주민들에 대한 지원 차원에서 국립공원 명품마을 사업이 도입되었다. 마을 조성 여건과 주민들 의지, 사업계획 등을 고루 평가해 최초로 다도해해상 관매도마을이 지정됐으며 한려해상, 월악산, 소백산, 무등산, 지리산, 태백산, 속리산, 팔공산 등 국립공원의 마을 19개소가 사업 대상마을로 선정됐다.

무등산 반디마을 '평촌'은 50가구 103명(2024년 기준)이 모여 사는 작은 마을로 국립공원을 통한 마을자원으로는 광주 충효동 요지, 분청사기, 장승/솟대, 반딧불이, 수달 등이 있다. 반디마을 평촌은 생태적으로 우수한 자원을 활용해 마을 주요 소득 사업으로 반딧불을 활용한 반디민박과 무돌길쉼터 등 공동수익시설을 조성했으며 마을벽화를 그리고 멸종위기식물을 식재하며 환경을 개선했다. 이에 더해 랜드마크를 설치하고 농촌체험 프로그램을 함께 운영하는 등 명품마을 조성 후 마을 주민의 평균 소득은 약 10배 넘게 상승했으

• 무등산 생태탐방원

며, 방문객은 3배 이상 상승했다. 무등산 반디마을 평촌은 마을공동체 우수마을 선정, 환경부 생태관광지역 지정, 농촌관광사업 농사체험부문 1등급 등 지역사회와 상생하는 마을주민 소득사업의 성공적인 사례로 남았다.

주민들이 참여하는 관광 외에도 지속가능한 관광을 위해 새로운 형태의 관광 프로그램이 각광받고 있는데, 그중 하나가 볼런투어(Volun-tour)다. 볼런투어는 자원봉사를 뜻하는 'Volunteer'와 여행의 'Tour'가 합쳐진 말로 자원봉사 활동을 하는 여행 프로그램이라는 뜻이다. 재해를 입은 지역에서 복구 활동을 지원하거나, 동물 구조, 개발도상국에서의 의료봉사 등을 예로 들 수 있다. 무등산을 포함해 계룡산, 치악산, 덕유산, 소백산, 다도해해상 등 국립공원에서 탐방해설과 환경정화를 함께하는 프로그램이 진행되기도 했다.

▪ 안성시 금북정맥 생태문화탐방로

안성시 전체 면적 중 약 45%가 임야이다. 거의 절반이 산림지역이고 곳곳에는 서운산, 백운산, 마이산, 비봉산, 고성산 등 500m 전후 구릉지 형태를 이루고 있다. 그중 백두대간 속리산에서 뻗은 금북정맥 끝자락에 안성시는 얼마 전 금북정맥 탐방안내소와 금광호수 하늘전망대 문을 열고 '금북정맥 국가생태문화탐방로 조성사업'을 마무리했다. 이번 사업은 계획 수립부터 설계, 공사, 운영관리까지 전 분야를 국립공원공단이 수행했다. 탐방안내소에는 멸종위기동물과 천연기념물 등 생태계, 칠장사와 청룡사 등 역사문화적 유적까지 짚어볼 수 있는 전시가 꾸려져 있다. 안내소에서 나와 박두진문학길을 통해 전망대에 오르면 금북정맥의 일부 구간인 칠장산~칠현산~광영고개의 능선이 한눈에 보인다. 탐방로는 안성 구간 28.4km와 주변 순환코스를 아울러 총 66km로 조성됐다. 전문 등산객들에게도 호평을 받은 금북정맥 생태문화탐방로는 주중 주말 가리지 않고 많은 발길이 이어지고 있다.

금광면의 서운산자연휴양림은 전국 46개 국립자연휴양림 중 하나로 목재문화체험장을 함께 운영하고 있어 사계절 내내 캠핑족들에게 인기가 많은 곳이다. 인근에는 석남사와 마둔저수지 등이 인접해 있어 캠핑족과 나들이객들의 발길을 사로잡고 있다. 지난 2023년에는 휴양림 내 수요가 적고 소음이 발생하던 다목적구장을 허물고 숲속힐링정원으로 조성해 휴식 공간을 만들었다. 휴양림 방문객을 대상으로 캠핑장에서 활용할 수 있도록 안성시 로컬푸드를

▪ (위부터) 서운산자연휴양림, 서운산 목재문화체험장, 목재문화체험장 내부

판매하고, 주변 마을에서 함께 할 수 있는 체험 프로그램을 마련해 운영하게 된다면 머무르기 좋고 찾고 싶은 도시 이미지를 쌓을 수 있을 것이다.

수려한 자연환경을 모두와 함께 나누고 이를 활용해 관광 인프라를 조성한 안성은 지속가능한 방법을 고민해봐야 한다. 앞서 기술했듯 볼런투어 프로그램과도 연계해 지속가능 관광을 이어갈 수도 있다. 자원봉사자에 대한 인센티브를 강화해 프로그램 참여자들의 지속적인 참여와 높은 만족도 유지가 필요하다. 혹은 관광지와 연계한 로컬푸드를 활용해서 특성화 음식을 개발할 수도 있다. 안성시는 안성 생산 농특산물을 활용한 지역대표 먹거리 발굴을 위해 안성맞춤 디저트 공모전을 실시했다. 배, 쌀, 포도 등을 활용한 수상작들은 자연과 연계한 음식관광 자원화와 장기적으로는 안성시 로컬푸드 판로 확대에도 도움이 될 것이다.

기획 세미나:
안성의 지속가능성을 찾아

지구 반대편 도시 꾸리찌바 그리고 안성시

꾸리찌바는 세계적인 친환경 도시로 알려진 곳이다. 처음《행복 도시 꾸리찌바》라는 책을 접했을 때 '꾸리찌바'가 어디 있는가 하고, 먼저 찾아보게 되었다. 지도에서 찾아본 이 의문의 도시는 브라질 남부, 파라나 주에 있는 작은 도시다.

생소한 이 도시가 환경도시, 생태도시로서 세계적인 우수사례 도시로 각광받고 있다는 점과 확고한 도시정책 방향과 일관된 의지로 도시의 사회, 문화, 교육 문제까지도 성공적으로 개선해 나가고 있다는 사실에 궁금증과 함께 부러운 마음으로 책을 읽어 나갔다. 동병상련이라 했던가. 한 장 한 장 책장을 넘길수록 머릿속에 그려지는 일련의 과정들이 더욱 생생하게 마음속에 와닿으며 나로 하여금 강한 동질감을 넘어 애착에 가까운 감정을 불러일으키게 했다.

꾸리찌바가 꿈의 도시, 희망의 도시로 혁신되고 주목받을 수 있었던 이유는 시민들의 적극적인 참여와 노력이었음이 자명하다. 하지만 시작에는 분명 '자이메 레르네르'라는 지도자와 행정, 도시계획연구소, 도시공사 사이의 협력적이고 유기적인 관계가 꾸리찌바를 생태도시로 변화시킨 핵심 원동력이었다는 것이 주요한 사실이다.

도시의 행정을 책임지고 있는 시장으로서, 도시의 미래를 기획하고 만들어가는 공직자들과 함께 이 작고 멋진 지구 반대편 도시 '꾸리찌바'에 대해 함께 공부하고 알아가며, 우리 안성시의 미래를 마음껏 꿈꾸고 설계해 보고자 본 「북스터디 세미나」를 기획하게 되었다.

【스터디 선정도서】
행복도시 꾸리찌바

1. 자이메 레르네르가 남긴 도시 유산
2. 생태교통도시 모델
3. 시민들을 위한 식량권 지키기
4. 행복 도시 만들기 I : 주거, 교육, 문화
5. 행복 도시 만들기 II : 자원순환, 도시경관, 공원
6. 기후위기에 대한 대응 전략
7. 열린 스마트시티 만들기
에필로그: 꾸리찌바의 남은 숙제들

지속가능 도시 기획 세미나 01

일시 : 2025년 4월 2일

참석자 시장, 부시장, 교통시설과장, 대중교통팀장, 교통시설팀장, 도로시설과장, 도로정책팀장, 도로시설1, 2팀장, 담당 주무관, 안성시총괄계획가 차주영 박사, 민간전문가 전교석 교수 외 희망 공무원

주제 탄소배출 저감 교통체계 관련 선진사례 발표 및 안성시 연계 방안 논의

▌발표 내용

발표자 대중교통팀장, 건설행정팀장

생태교통도시 꾸리찌바 사례 발표

대중교통 이용을 위해 5분~10분 이상을 걷지 않게 한다는 대중교통 정책을 기반으로 ▷도시 간선교통축과 연계한 간선급행버스(BRT)시스템을 구축하고 이에 따른 ▷교통시설물(굴절버스, 원통형 정류장)구축, ▷BRT 회랑에 맞춘 자전거 전용도로 설치 사례 소개

또한 저렴한 비용으로 평일 비첨두 시간대나 주말, 공휴일에 무료로 대중교통을 이용할 수 있는 ▷'꾸리찌바 플러스'라는 선불교통카드 도

입·운영 사례와 연중 문화 행사가 열리는 도심 곳곳에 조성된 ▷보행자 전용도로(꽃의 거리) 등 대중교통 이용을 지향하고 시민들의 보행을 유도하는 도시개발 정책 소개

안성시 교통 관련 사업 발표

안성시 대중교통망 현황 및 대중교통 이용 활성화를 위한 ▷시내 순환 버스 운영계획과 대중교통 요금 체계, 대중교통 접근성 향상과 도심 내 교통량 감소를 유도하기 위한 ▷환승버스시스템 도입 ▷도시 외각 거점 주차장 설치 ▷보행자 전용도로 확충 등의 정책을 소개하고 ▷안성시 자전거 도로 개설 및 이용 활성화를 위한 종합대책 소개

▌주요 의견 발췌

시장　우리시는 현재 자동차가 우선인 도시임. 누구나 개인 차량 이용을 당연시하고 있고 시민들이 행정에 요구하는 사업 대부분이 도로 개설 및 주차장 확충에 집중되어 있음.

　특히, 우리시는 대중교통 수단이 주로 버스에 한정되어 시민들의 이동 수단 선택권이 극히 제한받고 있는 실정임. 따라서 자가용 이용률이 타 도시에 비해 상당히 높은 편이며, 그에 따른 주차장과 도로 등 제반 인프라 확충에 대한 수요가 가장 많을 수밖에 없는 구조임. 따라서 행정에서는 개인 차량 증가로 더욱 심각해지고 있는 도로 정체 상황을 개선하기 위해 신규 도로 개설 사업을 지속적으로 추진하고 있으나 그 효과는 미미하거나 아주 제한적인 상황임.

도로정책팀장　꾸리찌바의 상황을 보면 자전거가 대중교통에서 큰 축을 차지함. 그러나 현재 개설되는 또는 개설 예정 중인 자전거 도로는 대중교통을 대신할 수 있는 수단이 아니라 레저, 취미를 위한 목적이 큼. 향후 도로시설과에서 추진 예정인 자전거도로 확충 로드맵을 살펴봤을 때, 자전거가 자동차를 대신하여 대중교통의 역할을 대신하기 위해선 무엇이 필요한 것인지에 대한 깊은 고민과 연구가 필요해 보임.

대중교통팀장　대중교통을 활성화하기 위해선 대중교통이 자가용을 대신할 대안으로써의 역할을 충분히 해야만 함. 자가용을 이용하는 것보다 대중교통을 이용하는 것이 더 편리하다는 인식이 형성되도록 해야만 함. 그런 면에서 주로 자가용 운전자들이 이용하는 공용 주차장은 당연히 전면 유료화를 전제해야 함. 그리고 올 8월 예정인 관내 순환버스 운영은 시민들의 대중교통 인식 및 활용도 제고에 큰 역할을 할 것이라 기대함.

시장　차 없는 거리 지정은 당초 상권 활성화를 위한 제도였음. 그러나 최근 도리어 시장 상권 활성화를 위해 차 없는 거리 지정을 해제해 달라는 상인들의 요구가 빗발침. 이러한 현상을 일으킨 원인에는 여러 가지가 있을 수 있겠지만, 그중에서 거리를 지정 또는 조성한 이후 사후 관리가 체계적이고 지속적으로 이뤄지질 못하고 있다는 것이 가장 큰 문제점이라고 생각함.

　도시개발사업도 비슷함. 개발 대상지가 결정되면, 사전에 관련 부서가 모여 해당 사이트 주변 상황(도로, 교통량 등 제반 사항)을 면밀히 검토하고 고려한 후 대책을 마련하고 대안을 준비하여 사업을 추진시켜야 함에도 그 과정이 매끄럽게 진행되지 않고 있는 것이 현실임.

전교석 교수　주차 비용이 승용차 대신 대중교통 이용을 선택하는 주요 이유가 될 수 있음. 주차 정책에 대해서는 주차 단속과 주차의 유료화를 빼놓고는 절대 성공할 수 없다고 생각함.

　잠재 투자가치가 높은 안성의 미래를 고려했을 때 현재의 승용차 이용 위주의 생활 패턴을 개선하고 대중교통 활성화를 위한 SOC 사업을 차근차근 추진해 나가야 함. 단순히 도로를 폐쇄하고 대중교통을 활용하게끔 조치하기보다는 교통의 원활한 흐름을 담보하되, 대중교통을 편리한 또 하나의 대안으로 선택할 수 있는 사회 기반이 갖추어져야 함. 아직까지 도시계획도로 등 교통 관련 인프라 확충은 안성이 가진 잠재 투자가치를 향상시키는 적합한 수단임. 중심축을 기반으로 지선과 간선을 이어가며 그 속에서 시민들이 대중교통이라는 수단을 충분히 고민해볼 수 있도록 체계를 결합해 나가는 것이 합당할 것임.

총체적으로 도시의 교통 문제를 해결하기 위해서는 부서 간 격벽을 제거하고 협력적인 태도로 시의 교통정책을 함께 마련해야 할 것으로 판단됨.

지속가능 도시 기획 세미나 02

일시: 2025년 4월 15일

참석자 시장, 부시장, 주거환경국장, 산림녹지과장, 산림조성팀장, 공원관리팀장, 녹지관리팀장, 건설관리과장, 하천관리팀장, 담당 주무관, 안성시총괄계획가 차주영 박사, 희망 공무원

주제 녹지정책에 대한 선진사례 발표 및 부서 연계사업(녹지 인프라 확충 방안 등) 논의

▌발표 내용

발표자 공원관리팀 주무관

생태교통도시 꾸리찌바 사례 발표

다민족 사회 특성을 고려한 도시공원 조성 사례로 과거 채석장을 친환경 공원으로 재생한 도심 대표 공원인 ▷땅구아 공원과 하천 범람지역을 활용해 방재 기능과 시민의 휴식 공간 제공을 위해 조성한 ▷바리귀 공원 ▷사웅소렌소 공원 그리고 개인의 사유지를 대상으로 한 ▷민간 자연유산 보호구역 제도 소개

　이 밖에도, ▷소규모 포켓 공원 조성과 ▷BRT 노선과 연계한 녹지 조

성 사례, 특히 ▷광장 입양프로그램 등 녹지 정책에 대한 각종 시민 참여 프로그램 사례 소개

안성시 녹지 관련 사업 발표

안성시 녹지 현황에 대한 소개 및 도시개발사업 추진 시, ▷녹지 확보 관련 제도, 도심 내 녹지공간 확보를 위한 ▷담장 낮추기(없애기) 사업 ▷포켓공원 조성 ▷빈집 활용방안 ▷도시재생사업과 연계한 녹지공간 확보 방안을 발표하고 ▷차 없는 거리 녹지축 조성방안 ▷하천둔치 활용 녹지공간 조성 및 활용 방안 등 공유

▌주요 의견 발췌

녹지공간 조성 관련

시장　안성시는 도농복합 도시임에도 불구하고 도심 내 녹지공간이 부족한 실정임. 이에 반해 최근 시민들의 녹지 수요는 증가 추세에 있음. 따라서 녹지 확충 및 시민 활용도를 높이는 것이 시급한 과제로 대두됨.

산림녹지과장　대규모 공원 조성은 토지 매입 문제 등으로 어려움 존재. 현재는 기존 공원 리모델링을 통해 시민 접근성 향상 방안 모색 중임. 최근 공원은 본래의 기능보다 체육시설 등 타 시설 중심으로 배치되는 추세이며 외곽 공원 접근성 저하 및 공원 간 연계성 부족으로 "나홀로 공원화" 현상이 발생함. 아울러 안성에는 30만 평 규모의 완충녹지가 존재하며 대부분이 분산돼 있어 관리 어려움이 큼. 일부 녹지공간은 손이 닿지 않아 방치되기도 함.

하천관리팀장　하천의 기능이 과거 취수 중심에서 현재는 친수와 문화복합공간으로 기능이 전환 중이지만 하천 공간은 생태 보호구역과 법정 보호종 서식지 등으로 인해 일부 제약이 있을 수 있음.

시장　현재 안성천, 청미천, 금석천, 승두천 등 하천 주변에 산책로 및 문화공간을 조성 중에 있으나 정비 방식이 지나치게 인공적(사방댐, 콘크리트 구조)이어서 녹지로서의 매력이 부족함.

도심권 녹지확보 방안

녹지관리팀장   타 지자체 사례 분석 결과, 녹색 주차장(서울) 확충과 정원 조성(대구와 춘천) 위주의 사업이 대부분이며 사업 참여 가구에 대한 인센티브 사례로는 주로 방범창 및 현관문 교체 등이 제공되고 있음.

시장   담장을 완전히 제거하지 않고 투시성 확보 정도로도 충분함. 보안(예: CCTV) 지원, 재산세 감면 등 사업 참여 독려를 위한 실질적 유인책이 필요하며, 시범 지역으로는 숭인동을 제안(단독주택 비중이 높고, 비봉산-숭인동-도시재생지역-안성천까지 연계 가능)함. 도심에 녹지확보 여유 공간이 부족하다고만 하지 말고 있는 땅의 용도를 변경하여 활용해보는 방안도 고민해야 하며, 녹지나 공원을 대규모로 조성하지 않더라도, 하천을 활용한 선형적 녹지공간을 조성한다면 용도와 공간 측면에서 활용도가 더욱 높아질 것으로 기대함.

총괄계획가   생태적 기능의 '녹지공간'과 시민 여가를 위한 '공원'의 구분이 필요함. 도심 속 소규모 녹지는 꼭 프로그램이 없어도 '쾌적한 일상 공간'으로 기능 가능. 호수도 좋은 녹색공간이며, 텃밭, 옥상정원, 벽면 녹화 등 다양한 소규모 녹지 요소도 적극 고려할 필요가 있음. 또한, 화단과 골목길 화분 등도 적극적으로 활용해야 함.

주거환경국장   금북정맥와 한남정맥을 기반으로 한 생태축과 하천과 도로 등의 '선'형 생태축, 공원, 화단, 옥상녹화 등의 '점'형 요소 등 다양한 생태 네트워크 활용이 가능할 것이라 판단함.

녹지관리팀장 소규모라도 '도시 침법' 개념을 도입해 녹지화 가능성을 검토하고 단독주택 대상 정원 조성 컨설팅, 나무 나누기 등 생활 속 녹지 조성 및 민간 참여 유도로 녹지를 확대해 나가는 방안을 제안함. 또한 도심 내 도로를 활용한 녹지 전환 아이디어로 순천 그린아일랜드 사례(아스팔트를 임시 녹지화 후 도심 공원화), 도로 차선 축소 및 중앙 녹지대 설치, 차 없는 거리 조성 등을 벤치마킹하는 것도 좋을 것임.

녹지공간의 시민 접근성 개선 방안

산림조성팀장 안성시 공원 정보를 종합적으로 제공하는 전용 앱(App)을 개발하여 공원의 위치, 편의시설, 반려동물 출입 가능 여부, 프로그램 정보 등을 안내하는 방안 제안.

시장 기존의 녹지공간들이 물리적으로는 존재하지만, 접근성 부족과 정보 미제공으로 시민들이 활용하지 못하는 경우가 많음. 공원 접근 동선을 도로, 학교, 보행로, 산책로 등과 유기적으로 연결하여 녹지 네트워크화함으로써 시민의 이동 편의성과 접근성을 제고하려는 노력이 필요함. 또한 공도 수변공원 등 규모 있는 공원의 경우 프로그램 운영이 병행되어야 공원 활용도도 높아질 것임. '적은 예산으로도 변화 가능'한 부분부터 연차적으로 개선해 나가는 노력이 필요함.

산림녹지과장 기존 어린이공원들의 경우 실제 수요층과 어긋나는 경우가 많아, 지역 주민 수요를 기반으로 시대 변화에 맞춘 리모델링을 계획 중임.(예시: 어린이 공원 → 실제 이용자 없으면 문화공원, 어르신 쉼터 등으로 용도 변경)

도시개발에 따른 녹지공간 확보 방안

공원관리팀장 기부채납으로 조성되는 공원이 단지 외곽, 방음벽 뒤, 경사지 등 활용도가 낮은 부지에 배치되고 있으며 공원 간 연계성 없이 형식적으로 면적만 채우는 식의 조성 방식이 문제임. 도시개발 입지에 대한 사전 지정 등 난개발을 방지하는 장치가 필요함. 또한 과거에는 개발업자에게 불리한 땅을 공원으로 내놓게 하는 관행이 있었으나, 현재는 주민 접근이 쉬운 도로변 및 하천 쪽으로 공원 배치를 유도하고 있음.

총괄계획가 민간 소규모 개발이 개별적으로 이뤄지면서 연속성 없는 공원 조성 사례가 빈번하게 발생됨. 도시개발 시 공공에서 정책적인 방향에서의 녹지조성 계획을 제시하고, 민간은 그에 맞춰 개발하도록 유도해 나가는 것이 반드시 필요함.

시장 도시개발 시 공공성, 연결성, 접근성을 중심에 두고 녹지를 배치해야 하지만, 현실적으로 땅값 상승 등의 이유로 지구 외 지역에 사업이 추진되는 경우가 많음. 그럼에도 지정 구역 내 개발을 유도할 수 있는 행정적 유인책(심의 시 가점, 인허가 간소화 등) 마련이 필요함. 더욱이 도시개발로 인해 조성되는 대부분의 공원이 아파트 단지와 붙어 있어 사실상 단지 전용 공원이 되는 경우가 많음. 실질적으로 시민 모두가 이용할 수 있는 위치에 배치해야 진정한 공공 공간이라 할 수 있음. 택지 계획 시, 전체적인 도시 녹지 계획도 함께 수립되어야 함.

녹지공간 조성, 시민참여 방안

주거환경국장　시민 정원사 제도가 교육만으로 끝나는 것이 아니라, 이들의 역량을 실제 활용하는 것이 필요함. 더불어 담장을 허물고 이웃 간 정원을 연결하는 참여형 정원 사업은 시민들의 관심이 높을 것으로 기대함. 또한 지역 기업과 공원을 연계하는 '1사 1공원' 모델 등도 고려해 볼 필요가 있음.

녹지관리팀장　생물다양성 대탐사, 어린이 생태체험 등 시민 프로그램 연계 추진 및 죽순 채취 체험 등 지역 생태자원을 활용한 시민 참여프로그램을 제안함.

총괄계획가　녹지 조성에 있어 주변에 관심 있는 주민들의 참여가 이뤄질 경우 조성 후 지속가능한 관리가 가능하므로 사업 기획단계에서 지역별 특성을 살린 주민 생태 교육을 연계 추진하는 것이 중요함.

시장　행정이 갖고 있는 녹지에 대한 철학을 시민이 함께 합의하고 실천해 나가는 구조가 필요함. 하지만 부서별 녹지 관련 사업이 일관된 방향없이 파편적으로 추진되고 있으며 시민참여에 대한 고민들도 부족해 보임. 앞으로 평생학습관 프로그램과 연계하는 방안과 교육과 체험을 결합한 시민 녹지 프로그램을 활용해 공원을 단순히 '보기만 하는' 공간이 아니라 '만지고 체험하는' 공간으로 바꿔나가야 함.

지속가능 도시 기획 세미나 03

일시 : 2025년 4월 30일

참석자 시장, 부시장, 일자리경제과장, 에너지팀장, 환경과장, 환경기획팀장, 기후대기팀장, 자원순환과장, 자원시설팀장, 안성시총괄계획가 차주영 박사, 민간전문가 신승수 소장, 희망 공무원

주제 자원순환 및 에너지 정책에 대한 선진사례 발표 및 부서 연계사업(신재생에너지 확대 정책, 재활용률 제고 방안 등) 논의

▌발표 내용

발표자 환경기획팀장

자원순환·친환경에너지도시 꾸리찌바 사례 발표

도시의 청정에너지 생산과 사용을 대중화한다는 목표로 시작된 '꾸리찌바 더 많은 에너지 사업'과 관련된 ▷공공시설 태양광 확대정책과 ▷탄소중립 마을조성 사례 그리고 쓰레기 분리와 재활용품 수거 프로그램인 ▷캄비우 베르지(녹색교환) 사례 소개

또한, 재활용품 자율수집 센터(에쿠폰트)와 시립 퇴비화 프로그램의 상호 연계를 통한 자원순환 정책과 환경개방대학에서 진행하고 있는 다

양한 기후위기 대응 실천 프로그램 소개

안성시 자원순환 및 태양광 에너지 확대 사례 발표

최근 기후위기 관련 재난 발생 상황(폭설, 폭우)에 대한 공유를 시작으로
안성시 재활용사업 현황(재활용 처리 현황, 배출·수거·분리 시스템)을 소개
하고 ▷순자마켓 ▷재활용 데이 운영 ▷환경교육센터 운영 등 자원순환
활성화 사업 공유. 또한 신재생에너지 확대 정책의 일환인 ▷수소차·친
환경자동차 확대·보급 사업 ▷공공시설 태양광 설치 사례 ▷에너지 자
립마을 조성 사례 등 사업 소개

▍주요 의견 발췌

자원순환 정책방향 및 실천 전략

자원순환과장　우리시 자원순환 정책은 꾸리찌바 사례와 비교해서 시스템에서는 크게 상이하지 않으나, 지속가능성과 주민 참여 문제에 있어 차이가 있음. 선진사례에서 볼 수 있듯 자원순환은 단순히 '분리배출-재활용'에서 끝나는 것이 아니라, 로컬 차원의 소비·생산 구조의 변화가 필요함. 우리의 경우 자원순환 단계(저감 → 재사용 → 재활용 → 에너지 회수 → 최종처분) 중 재활용(recycle)은 비교적 잘하고 있으나, 불필요한 소비 줄이기(reduce)와 재사용(reuse) 실천은 부족한 실정임. 제도적으로는 복합 재질 또는 과대포장을 하지 않는 제품에 인센티브를 제공하는 등의 감축 유도 정책이 추가적으로 필요함.

총괄계획가　해외 사례처럼 일상에서 사용 가능한 물품을 쉽게 교환하거나 판매하는 문화가 필요함. '물건을 버리기 전에 나누는 문화'를 도시 문화로 정착시키기 위한 지속적인 이벤트 추진이 필요해 보임.

시장　소비 단계에서부터 '지속가능한 선택'이 가능하도록 유도하고 생산 단계에서부터 탄소 중립적 제품이 시장에 공급되도록 구조적인 개선이 필요함. 또한 공공기관 소비부터 먼저 변해야 하며(비닐봉투·텀블러·장바구니 무분별한 제작 지양) 일상 속 재사용·나눔 채널을 더욱 활성화시켜야 한다고 봄. 이벤트 형태의 계절별 재사용 장터, 학교와 연계한 나눔 행사 등 고정 공간에 한정하지 않고 생활 속 접근이 편리한 곳에서 다양한 형태의 나눔 행사가 이뤄질 수 있도록 하는 방안을 구상하기 바람. 자원순환은 무엇보다 시민의 의식 전환이 선행해야 하며, 재미 요소와 사회적 메시지를 결합한 지속적인 의식 개선 캠페인도 필요해 보임. 행정만 열심히 하기보다는 시민들까지 동참할 수 있는 방안을 찾아야 함.

청중　꾸리찌바의 사례를 변형하여 쓰레기 수거 활동에 따른 지역화폐(보상) 지급 정책을 제안함.

친환경 에너지 확대 방안

시장　태양광 발전소 설치 시 "우리 동네에는 무조건 반대"라는 수용성 문제가 심각함. 발생된 에너지를 어디에 쓸 건지, 에너지 생산 이익을 어떻게 분배할 것인지에 대한 실질적인 대책이 없는 것이 원인이라고 생각함. 조례 제정, 수익 공유 등 주민 수용성을 제고할 수 있는 방안을 모색하는 일이 중요함.

부시장　독일의 '에너지 조합' 모델을 참고하여 설치비용 지원 및 수익금 배분 제도를 설계·도입한다면, 지역 주민들의 수용성이 높아질 것이라 판단됨.

에너지팀장　가정용 태양광 보급, 에너지 기회소득 마을 조성 등 공유부지를 활용하는 주민 수익형 사업을 추진 중이지만, 공유 부지 확보와 주민 참여 유도에 어려움을 겪고 있음.

민간전문가　주차장, 건축물 등 복합 기능 공간을 에너지 거점으로 활용하는 방안을 제안해봄.

시장　산단 지붕을 활용하거나 영농형 태양광을 도입하는 것이 현실적인 대안이 될 것임. 하지만 현재 버섯사, 곤충사 등 특정 용도 외엔 영농형 태양광 확산이 제도적으로나 현실적으로 어려움. 하지만 실질적으로 농사가 어려운 자투리 농지에 노후 연금형 태양광을 허용하자는 필요성이 제기되고 있음. 일본 사례를 참고한 주택 인근 텃밭형 태양광도 논의해볼 가치가 있음. 안성시는 축산·농업 비중이 높은 도시임. 바이오가스, 영농형 태양광 등 우리시 특성에 맞는 친환경 에너지 확산 모델을 준비해야 할 때임.

주거환경국장　안성시는 전국 최고 수준의 가축분뇨 발생지역임. 따라서 가축분뇨를 활용한 바이오가스 에너지화 시설을 도입하는 것이 필요함. 현재 일부 가축 밀집 지역(일죽면)에 바이오가스 처리시설이 설계 중이며 향후 4개 권역 이상으로 확대하는 것을 목표로 하고 있음. 앞으로 바이오가스 사업을 성공시켜 주민들의 수용성을 제고해 나가겠음.

기후대기팀장　수소 에너지의 경우 현재는 수소가 친환경적이지 않다는 논란도 있으나, 기술 개발이 된다면 친환경 에너지로 주목받을 가능성이 충분히 있음. 수소차 보급 확산과 수소차 충전소 운영 확대를 위해 노력하겠음.

시장　수소차 안전 및 편리성에 대한 홍보가 부족하다고 생각됨. 충전소 확충과 더불어 교육을 통한 시민인식 개선으로 수소차 보급이 확대될 수 있도록 노력해주기 바람.

에너지 소비 절감

시장　신재생에너지를 만드는 데에는 한계가 존재. 에너지 소비량 절감이 더욱 중요한 문제.

민간전문가　피크 세이빙, 세대 혼합 단지 등 통합적 기획을 통한 에너지 절감 사례가 있음. 건축 내장재보다 가전제품 등의 재사용이 에너지 절약에 더욱 효과적일 수 있음. 고효율 가전 기부, 살림 구독 서비스 등 순환 경제 주체를 발굴하는 정책과 함께 개인주택 창호 교체, 단열재 설치 등 소규모 집수리 비용 지원 확대 정책 등을 통해 에너지 효율성을 높이는 방안도 고려해 볼 필요가 있음.

시장　주거환경개선사업 추진 시 에너지 부분까지 반영할 수 있는 방안을 고려하고, 시민을 대상으로 에너지를 절감할 수 있는 방안에 대한 교육과 탄소포인트제 실시 등 실생활 중심의 지속적인 캠페인과 홍보가 중요하다고 생각함.

지속가능 도시 기획 세미나 04

일시 : 2025년 5월 13일

참석자 시장, 부시장, 문화관광과장, 문화정책팀장, 관광팀장, 문화재팀장, 문화예
술사업소장, 축제예술팀장, 회계과장, 공공건축팀장, 도시정책과장, 도시계
획팀장, 도시재생팀장, 체육평생학습과장, 미래교육과장, 도서관장, 시민활
동통합지원단장, 안성시총괄계획가 차주영 박사, 희망 공무원

주제 도시 문화에 대한 선진사례 발표 및 부서 연계사업(도시문화 확산, 시민교
양 증진) 논의

▎발표 내용

발표자 문화정책팀장

교육·문화 행복도시 꾸리찌바 사례 발표

도시문제 해결과 함께 도시의 역사를 가르치고 지역의 정체성을 확립
하기 위한 시민 교육 프로그램과 교양 증진 프로그램인 ▷지혜의 길 프
로그램 ▷지혜의 등대 ▷독서열차에 대한 소개와 도시침술을 활용한 도
시재생사업 ▷파이오우 극장 ▷오스카르 니에메예르 박물관 ▷생명박
물관 건립 사례 발표

　그리고 시민들이 함께 준비하고 실행하는 ▷꾸리찌바 카니발 ▷행복 축제 등의 사례를 통해 꾸리찌바가 혁신적 교육과 글로벌네트워크 선도 도시로서 유네스코 창의도시로 우뚝 설 수 있었던 요인에 대해 소개

안성시 문화·교육 관련 사업 발표

꾸리찌바 도시침술(작고 정교한 개입으로 도시의 변화를 유도)에 비견할 만한 우리시 ▷안성문화장 특화거리 사업 ▷15분 문화장 ▷문화 장인학교 및 문화장 페스타 등 문화도시 관련 사업과 도시재생사업으로 추진하고 있는 ▷담장 정비 ▷커뮤니티 디자인 사업 ▷참여형 골목길 조성 사업 그리고 ▷차 없는 예술 문화존 운영과 도시의 랜드마크로의 ▷공공 건축물 건립 사업 그리고 ▷안성형 그린스쿨 프로그램 ▷안성 꿈키움 프로젝트 ▷마을교사 역량강화 프로젝트 등 교육과 관련된 사업 공유

참여 부서별 제안 사항

시장　꾸리찌바의 주요 철학 4가지(개념 중심 설계, 정책 전달, 공동체 기억의 콘텐츠화, 제도화를 통한 지속성 확보)와 함께 ①적극적 시민 참여 확대(정책 수요자에서 기획과 운영의 주체로 전환), ②정책의 일관성 확보 등 두 가지를 추가·보완하여 우리 시 사업 추진에 접목했으면 함. 부서별 주문으로는 도심에서 문화유산 자원으로의 접근성 개선이 필요하고(문화관광과), 문화예술 존(ZONE) 추진장소와 관련해서 아양 4공원은 지역주민의 문화예술 향유 측면에서는 적합하나, 지역 상권과의 충돌 가능성이 있을 것으로 판단되므로 장소 선정에 있어 신중한 판단이 필요해 보임. 또한 시민들이 참여하는 도심권 축제 개최 시, 꾸리찌바 사례와 같이 지역의 문화 자산을 기반으로 한 창의적이고 정체성 있는 축제 기획 필요함(문화예술사업소).

　그리고 현재까지는 공공건축물 조성 시, 도시의 경관 제고 및 기능의 복합화에 집중하였으나 이제는 운영비·건축비, 규모의 적정성이 반영된 설계가 필요하며, 건축의 신축보다는 기존 건물을 재구조화하거나 기능을 전환함으로써 비용을 절감할 수 있는 방안을 모색하기 바람(회계과). 평생교육 정착을 위해서는 강좌 중심의 일방적 교육에서 탈피하고 도시 전체를 학습공간으로 만드는 구조 정립이 선행돼야 함. 이와 함께 시민으로서의 정체성 부여 및 시민성 향상을 위한 교육과정 개설이 필요하고, 틀에 박힌 공간적 한계에서 벗어나 다양한 공공시설을 하이

브리드적으로 활용하는 방안을 고려해야 한다고 생각함(체육평생학습과). 또한 1면 1도서관이 평생학습기관으로서 어떤 역할을 해야 할 것인지, 학교와 다함께돌봄센터 등 지역 내 타 기관과 어떻게 협력체계를 강화하여 평생학습 허브 역할을 할 수 있을 것인지에 대한 고민이 필요하며 꾸리찌바의 독서 열차, 지혜의 등대처럼 기존 건물을 활용하여 도서관을 확충하는 방안을 제안함(도서관과).

시민참여 확대 방안

문화관광과장　안성은 문화자원은 풍부하나 대중적으로 알려진 문화 시설이나 트렌디한 공간 부족으로 청년층 유입이 어려움. 호수관광사업, 문화도시 사업 등을 통해 이러한 문제점들을 해결해 나가도록 노력하고 있음.

시장　각종 문화공간 조성 시, 기획 단계에서부터 지역 주민이 함께 참여해 그 지역이 갖고 있는 독특한 스토리가 공간에 녹아들게 함으로써 사업의 지속가능성을 확보해야 함. 사업의 속도가 더디더라도 지역 자원을 적극 활용하고 주민을 비롯한 각계각층의 시민이 함께 참여하는 방식으로의 변화가 필요함.

시민활동통합지원단장　동아시아 문화도시 사업과 관련해서, 시민기획단이 제안한「문화도시 추진 협동조합」을 만들어 실제 프로그램을 기획하고 실행한 사례가 있음. 문화도시 사업을 추진함에 있어서도 많은 시민들이 직접 참여하는 시민중심의 사업추진 방식이 중요함.

총괄계획가 문화 향유는 이제 '시설' 중심에서 '참여' 중심으로 전환되고 있음. 시민의 참여가 매우 중요. 우선, 시에서 추진하고 있는 문화예술프로그램 정보를 통합·제공하는 플랫폼을 구축하여 홍보함으로써 참여율을 제고하는 방안을 제안함.

미래교육과장 현재 마을 중심 교육 프로그램이 파편적으로 운영되고 있어 지역 간 연결성이 부족한 상황임. 꾸리찌바에서 지역의 역사·문화 콘텐츠를 기반으로 백과사전을 제작·교육하는 것처럼, 우리 시도 안성의 생태·역사·문화를 아우르는 학습 안내서를 만들어 초등 교육과정과 연계하는 방안을 구상 중이며 지역 생태·역사 자원을 교육 콘텐츠로 통합하고, 학교와 지역 시민 단체와의 연계 방안을 모색하고 있음.

시장 안성천살리기 시민모임, 향토사료관, 3·1운동 기념관 등에서 추진하고 있는 기존 프로그램과 지역 자원들을 모아서 하나의 통합 교육 교재로 제작할 수 있음. '있는 것부터 시작'해서 점점 확장해 나가는 것이 중요함.

문화예술사업소장 아파트로 둘러싸인 아양 4공원의 특성을 살려, 도서관과·환경과가 공동으로 '녹색 장터'를 운영하는 방안을 제안함. 또한, 기존 방식의 플리마켓 운영에서 벗어나 외국 사례에서와 같이 진정한 의미의 '벼룩시장'을 도입하여 운영하는 방안을 제안함.

시장   새벽시장을 변형해 금요일 야간시장으로 확대·운영해보는 방안을 제안함.

지속가능 도시 기획 세미나 05

일시 : 2025년 5월 30일

참석자 시장, 부시장, 농업정책과장, 농축산유통과장, 농업정책팀장, 농업생산지원
팀장, 농촌개발팀장, 유통기획팀장, 공공급식팀장, 유통지원팀장, 농업지도
과장, 농촌자원팀장, 인재육성팀장, 지도기획팀장, 복지정책과장, 복지정책
팀장, 희망복지팀장, 노인돌봄과장, 돌봄정책팀장, 노인복지팀장, 신활력플
러스 사무국장, 안성시총괄계획가 차주영 박사, 민간전문가 신승수 소장,
희망 공무원

주제 식량정책에 대한 선진사례 발표 및 부서 연계사업(식량안보, 취약계층 지원
등) 논의

▌발표 내용

발표자 농업생산지원팀장

시민의 식량권 지키기, 꾸리찌바 사례 발표

심각한 빈곤과 식량 불안정을 개선하는 동시에 시민들의 건강한 식품
으로의 접근성을 높이고 기아에 맞서기 위해 실행한 ▷지역사회 텃밭과
도시농장 ▷기아 근절을 위한 민중식당 ▷먹거리 보장 사회정책인 가족

창고 ▷직거래 판매방식의 가족시장과 노사 페이라 ▷지역사회가 공동
운영하는 연대 테이블과 푸드뱅크 사례 소개

안성시 식량 관련 사업 발표

식량 위기와 직결되는 기후위기 문제에 대한 공유와 함께 식량안보에
대한 전반적 이해와 안성시 쌀 자급 현황, 유통 및 시스템 현황, 농촌 신
활력 사업 등을 소개하고 꾸리찌바 사례와 비교해 살펴본 안성시 ▷도
시농업공동체 공공텃밭 사업 ▷직거래장터와 직매장 운영 ▷학교 공공
급식 지원 사업 ▷경로식당과 경로당 지원 ▷푸드뱅크·푸드마켓 운영
등 먹거리 정책 소개

식량안보와 농업정책의 방향성

시장　기후위기로 식량 수급의 불안정성이 증가하고 있음. 기존의 쌀 중심의 식량안보 정책에서 벗어나야 함. 또한 '농촌=농업=농민'이라는 등식에서 벗어나야 할 때임. 농촌의 현실을 봤을 때, 전업농은 소수이며 농업이 생계 유지의 수단이 아닌 경우가 많음. 따라서 기존의 '농민 소득 보존' 농업정책에서 벗어나 이제는 '산업적 관점 + 소비자 관점'에서 농업정책을 재구성하는 노력이 필요함. 덧붙여 농지보존 중심의 식량안보 정책에는 한계가 있음. 지금까지의 정책은 기후위기 대응을 위해 무엇을 얼마나 어떻게 생산할 것인가, 어떤 방식으로 공급할 것인가에 대한 전략 없이 농업진흥구역 지정 등 농지를 규제하고 보호하는 것에만 정책이 치중된 것이 사실임.

농업지도과장　현재 스마트팜은 쌀·보리·옥수수 중심의 재배보다는 엽채류 위주의 재배로 전체적인 식량안보 대책으로는 한계가 있음. 이와 같은 문제점 해결할 수 있는 방안을 모색하는 것과 함께 고온에 대비한 품종 개발 및 농작물 재해보험 등의 다각적인 대책 마련도 필요해 보임.

시장　기존의 쌀 중심 생산에서 다양한 작물로의 전환이 필요해 보임. 콩, 보리, 옥수수 등 고온에 강한 품종을 확보·보급하는 것이 시급함. 한 가지 작물에만 집중하지 말고 사계절 품종을 다양하게 재배하는 전략이 필요함.

농업지도과장 다양한 작물로의 분산 전략이 반드시 필요함. 이와 더불어 단일 작물에 대한 재배면적이 대폭 증가하면 그에 따른 가격 폭락 현상이 벌어질 것으로 우려됨. 수급 조절과 시장 조율 정책이 동반돼야 함.

신활력플러스 국장 지역 내 농산물 소비와 건강한 식생활 정착을 위해 시민 교육을 강화할 필요가 있음. 현재 식생활 강사 양성 프로그램을 진행하고 있으며, 이를 통해 양성된 강사를 관내 학교와 연계·배치하여 식생활 교육을 확대해 나갈 계획임.

시장 식생활 교육은 신활력플러스추진단보다는 평생학습관, 여성비전센터 등 기존 교육기관에서 하는 것이 적합하다고 생각함. 학생들을 대상으로 식생활 교육을 하는 것도 중요하지만, 시민 생활에 스며드는 방식의 환경·건강 캠페인을 통해 어려서부터 식생활 패턴을 바꾸는 것도 무엇보다 중요함.

총괄계획가 안성에서 생산되는 안성쌀·한우 등 농산물의 품질이 매우 높은 것에 비해 브랜드 인지도가 상대적으로 낮다는 점이 아쉬움. 타 지자체(논산 딸기, 부여 밤) 사례를 참고로 안성시 농산물에 대한 브랜딩·홍보 강화가 필요함.

유통기획팀장 '안성맞춤 마켓'을 운영하고 있으나, 검색 접근성이 낮고 이용자 수가 적은 것이 사실임.

시장　포털 검색 시 바로 노출(검색)될 수 있어야 함. 스마트 스토어, 인스타그램, 유튜브 등 현대인의 소비 트렌드에 맞게 디지털 홍보를 강화하기 바람.

취약계층 식량 안정화 방안

시장　경로당 접근이 어려운 독거노인, 요양 등급 미충족자 등 사각지대에 있는 취약계층에 대한 식사 지원 대책이 필요함. 동시에 고령자 특성(치아, 당뇨, 고혈압 등)에 맞는 맞춤형 식단 개발도 준비해야 함.

노인돌봄과장　취약계층 대상 식사 배달 사업을 추진하고 있음(주 1회). 하지만 현실적으로 급식지원과 관련한 인력과 시설이 부족하며, 특히 배달 인력 부족이 가장 큰 문제임.

복지정책과장　푸드뱅크와 푸드마켓은 대부분 공산품 중심으로 제공하고 있어, 영양 맞춤형 식사 제공 등 실질적인 수요자 맞춤형 제공이 어려움. 그리고 배달 인력 문제는 기존의 어르신 일자리 및 지역 자원을 활용하여 인력을 보충하는 방안을 고민하고 있음.

시장　각종 사회서비스 공급과 관련한 종합적인 서비스 전달 체계 구축에 대한 고민이 필요함. 복지관 또는 읍·면·동 지역사회보장협의체 사업과 연계하는 방안을 모색하고 자율적으로 운영되는 공유냉장고 사업을 더욱 활성화할 수 있는 방안도 고민하기 바람.

청중 새벽시장이나 주말 장터에서 판매하고 남은 잉여 농산물과 편의점에서 나오는 유통기한이 임박한 식품 등의 기부는 활성화되어 있으나, 명확한 운영 주체 및 관리 인력 등 미흡한 부분이 있는 것 같음.

농업지도과장 꾸리찌바 사례를 벤치마킹하여 우리시도 내년부터는 일부 텃밭을 취약계층에게 무상 분양할 계획임. 더불어 공공텃밭에서 생산되는 잉여 농산물을 수거해 기부로 전환하는 캠페인도 구상하고 있음.

총괄계획가 지금과 같은 방식의 '찾아가는 복지'는 한계가 있음. 복지서비스 전달 방식의 전환을 준비해야 할 때라고 생각함. 농촌지역의 경우 인구 변화에 맞춰 복지서비스 전달 체계를 경로당 중심으로 재설계하는 등 중장기적 관점에서 미래를 대비할 필요가 있다고 생각함.

안성, 지속가능성을 찾다

안성 발전을 위한 4,738km의 여정

초판 1쇄 발행 2025년 11월 15일

지은이 김보라
펴낸이 이세연
편 집 김화영
디자인 북디자인 경놈
제 작 npaper
펴낸곳 도서출판 혜윰터
주 소 경기도 부천시 소사구 소사로 257, 6층 C08호
이메일 hyeumteo@gmail.com

글 ⓒ 김보라 2025
ISBN 979-11-989942-7-1 (03300)